社会学的まなざし

日常性を問い返す

木戸 功／圓岡偉男［編著］

新泉社

まえがき

　この本は，社会学の入門書としてまとめられている．そのような入門書としてはすでに数多くの著作が刊行されているが，この本では，私たちが現実に社会生活を営んでいくなかで，多かれ少なかれ関わりをもたざるを得ないようなトピックをなるべく具体的な形で取り上げ，実際に社会学的な視点からそれを考察することで，社会学というひとつの学問を疑似体験してもらえるよう工夫したつもりだ．選定したトピックは必ずしも網羅的ではないが，現代社会に生きる私たちにとって身近なものであるといってよいと思う．

　第1章と第13章は個別具体的な事柄を取り扱ったものではなく，社会学的思考とでもいうべきものについての概論であり，その点でやや抽象的に思われるかもしれない．しかし，さまざまな事柄に対する社会学的な考察というものが可能であるからには，そのそれぞれの考察にはなんらかの共通する要素があるはずだ．この二つの章では，対象としている事柄に対する社会学的な見方，そして考え方について論じてある．この本全体におけるイントロダクションと総括と考えてもらってもよい．他の各章においては，個別のトピックについての具体的な考察が示されている．私たちの身の回りにあるさまざまな事柄について，今一歩踏み込んで検討してみるとどんなことが「見えて」くるのか，各章の結論部には，社会学的に考察することで，どのようなことが明らかにされるのかといったことが簡単にではあるが述べられているはずだ．

　社会学的に見るということは，決して難解で小難しいことなどではなく，おそらく誰にでも可能なことだ．身の回りにあるさまざまな事柄に対して，社会学的なまなざしを向けるということは，一口にいってしまえば私たちの感受性を高めることに

つながるものである．そのなかにはこれまで全く知らなかった問題や自分とは関係がないものと思われていた問題もあるかもしれないし，またよくよく知っているはずの問題もあろうかと思う．しかしながら，社会学的に見るということは，これまではともすれば見過ごされ，はっきりとは見えていなかった現実の諸側面に対して，それを別の角度から明らかにし，そして理解する，そんな可能性を与えてくれるのではないかと思う．

目 次

まえがき 3

第1章 「ふつう」の現実を社会学的に見る ── 木戸 功 9

 はじめに
 1．日常生活の恣意的な性格
 2．日常生活の予測不可能な性格
 3．日常生活の巧妙なマネージ
 4．「ふつう」であることを可視化する

第2章 進む少子化：子どもが少ないことは問題なのか？── 辻 明子 21

 はじめに
 1．少子化の現状
 2．結婚・出生行動の変化
 3．少子化のメリットとデメリット
 4．政府の少子化に対する考え方
 おわりに

第3章 高齢社会の到来：高齢者は社会を不幸にするのか？
              ── 村田 久 41

 はじめに
 1．高齢社会の時代
 2．高齢社会の特徴
 まとめ

第4章　子どもの生活：子どもイメージを疑ってみよう！──山下夏実　61

　はじめに
　1．「子ども」って何歳から何歳まで？
　2．「生活」って何？
　3．どうやって「おとな」になるの？
　おわりに：「子どもの生活」から何が見えてくるの？

第5章　夫婦関係とルール：愛情は社会と無関係に成立するのか？
　　　　　　　　　　　　　　　　　　　　　　　　　──永田夏来　79

　はじめに：「家族」とは何だろう？
　1．変動する社会と多様化する結婚を見る
　2．「しあわせな結婚」とは何か
　3．日常生活に社会学的視点をもち込む
　4．社会変動に影響される夫婦関係
　5．夫婦関係を支えるコミュニケーション
　おわりに：ありふれた夫婦から見えるもの

第6章　高齢者介護と家族：介護問題の主役は誰か？──荒井浩道　95

　はじめに
　1．高齢社会における介護問題
　2．介護の社会化
　3．介護の囲い込み
　4．家族介護とジェンダー
　5．家族介護における「権利／人権」
　おわりに

第7章　障害児と発達支援：何が「障害」なのか？──岡野晶子　109

　はじめに：LD児ってどんな子なの

1．LD児を支える社会体制
　　2．指導の実践から見えてくること
　　3．LD問題について考える
　　おわりに：自分の花を咲かせようよ

第8章　女性性と人権：何が「正しい」セクシュアリティなのか？
―――――――――――――――柳原良江　127

　　はじめに
　　1．セクシュアリティの概要
　　2．男性中心主義とセクシュアリティ
　　3．セクシュアリティにおける諸問題
　　4．セクシュアリティと人権
　　5．性の自己決定
　　6．生殖の自己決定
　　おわりに

第9章　セクシュアリティと実践：「ニューハーフ」は男か？女か？
―――――――――――――――志田哲之　145

　　はじめに
　　1．セクシュアリティとは何か
　　2．「ニューハーフ」を考える
　　おわりに：セクシュアリティから見えるもの

第10章　ITの日常化：デジタルデバイドとは何か？―――中　正樹　161

　　はじめに
　　1．デジタルデバイドが話題となる背景
　　2．デジタルデバイドとは本当は何か
　　3．デジタルデバイドはなぜ問題なのか
　　おわりに

第11章　生と自己決定：幸福な「人類200歳時代」？　　　　　　空閑厚樹　177

はじめに
1．「生」をとりまく現状
2．「生命倫理」とは何か
3．「自己決定」しうる「自己」をめぐって
4．制御の対象としての「生」
おわりに

第12章　死の臨床：誰のための医療化？　　　　　　鶴若麻理　191

はじめに
1．ホスピスについて
2．末期患者のスピリチュアリティ
3．末期がん患者とのかかわりから：スピリチュアル・ニーズについて
4．看取りの思想
おわりに

第13章　社会のなかから見えるもの：われわれは何を知っているのか？
　　　　　　　　　　　　　　　　　　　　　　　　　　圓岡偉男　209

はじめに
1．社会のなかの個人
2．個人のなかの社会
3．差異と意味の社会的構成
おわりに

あとがき　221
編者・執筆者紹介　222

第1章
「ふつう」の現実を社会学的に見る

木戸 功

はじめに
1. 日常生活の恣意的な性格
2. 日常生活の予測不可能な性格
3. 日常生活の巧妙なマネージ
4. 「ふつう」であることを可視化する

はじめに

　私たちはおそらく，ふだん何気なく生活し，取り立ててものめずらしいこともなく，明日になれば忘れてしまうであろう多くの事柄や出来事を，経験しながらもそれをひとつひとつ取り上げて吟味することなどなく毎日を生きている．おとといの晩に何を食べたのかなどという「些細な」ことは，日常生活をつつがなく，そして「ふつう」に送っている私たちにとっては，さして重要なことではないだろうし，そのことについて何かあらためて考え直さなくてはならないといったこともないだろう．社会学が考察の対象にしていることは，いうなればこうした「ふつう」の生活のあり方である．もちろん，一口に社会学といってもさまざまなものがあるし，そのすべてがここでいうところのものと同様の認識に立つものであるというつもりもない．しかし，社会学がそれ以外のさまざまな学問領域とは異なる問題関心や，対象への接近の仕方，そして考え方を有するひとつの独立した学問領域であるとするならば，私たちのこうした「ふつう」の生活のあり方に対する着目は，社会学に固有の視点のひとつであるといえる．

　ごく「ふつう」にそしてつつがなく毎日を過ごしているとき，私たちにとってそうした生活はおそらく省みられることなく，それゆえに，それが「ふつう」の毎日であるということすら気付かれずに過ぎ去っていくものだ．言葉を換えていうならば，「ふつう」であるということを自覚したり確認したりといったことをしない状態，これこそが実は「ふつう」の状態なのだといえる．社会学的な営みは，なんらかの方法によって，ふだん私たちがやり過ごしているこの「ふつう」であることを可視化することで，それを分析し考察していくものだ．社会学は，その具体的な方法や考え方にはさまざまなものがあるとはいえ，私たちの「ふつう」の生活が，いかにして，まさにそのようなものとして成り立っているのかということを明ら

かにしていく営みなのだ．

1. 日常生活の恣意的な性格

　「ふつう」であるということ，言い換えれば取り立てて反省的な態度や作業を必要としないということは，私たちの日常生活の大きな特徴のひとつであるが，そのような日常生活は決して所与のものとして，自然に成り立っているわけではない．日常生活の「ふつう」のあり方というのは，私たちがそれを意識するにせよしないにせよ，私たち自身の働きかけによって人為的に成し遂げられているのである．ところで，このように「ふつう」などということを持ち出すと，こんな疑問も湧いてくるかもしれない．「ふつう」って何なの？　何が基準なの？　等々．なるほどそのとおりである．よくいわれるように，文化や時代が異なれば人々の考え方や価値観は異なるだろうし，それゆえに，何が「ふつう」なのかということに関する感じ方や基準も異なるだろう．なんであれ私たちによって人為的につくりだされているものは，普遍的なものではなく，多様性をもち，またさまざまな変更の可能性を有しているはずだ．
　とすると，私たちにとってごく「ふつう」と思われる多くの事柄（それによって私たちの日常生活は平静と安定を保っているわけであるが）は，ひょっとしたら他の人々にとっては，決して「ふつう」とはいえないものである，といったことも十分に考えられるわけだ．
　ひとつの例を用いて考えてみよう．日本語を母国語とする私たちにとって，たとえば，昆虫の「蝶」と「蛾」というのは，それぞれ別個のものとして理解されているだろう．そして場合によっては，「蝶」に対してはポジティブなイメージ（きれい等）をもち，「蛾」に対してはネガティブなイメージ（気持ち悪い，こわい等々）をもっているのではないだろうか（もちろん虫が好きな人もいれば嫌いな人もいるわけだが，ここではさしあたりそうした個人的な好き嫌いの問題は問わないでおこう）．おそらく私たちにとってこうした区

別は,「ふつう」のことなのであるといえよう.しかしながら,たとえばフランス語には,この「蝶」と「蛾」とを区別するような用語法はない.いずれも「papillon」として,同じものとして分類されているのである.そして,私たちにとっては当然の「きれいな蝶」と「気持ち悪い蛾」という相反する感覚も,フランス語を母国語とする人々にとっては,どうもぴんとくるものではないらしい.あるとするならば,「きれいな papillon」と「気持ち悪い papillon」という区別であろうが,それは必ずしも先の「蝶」と「蛾」の区別とは同じではないはずだ.ことばというのは,私たちの世界をさまざまな要素に切り分け,さらにそれらの諸要素を相互に関連づけることで,私たちにとってなじみぶかい世界のあり方をつくりだす,人為的な道具立てのひとつであるといってもよいものだ.それゆえに,使用する言語が変われば,それによって構成される現実世界のあり方も異なり得るのだということができる.

　こうしたことから,しばしば導き出されるのは,私たちにとって「ふつう」であることは絶対的なものではなく,言語間の差異の例からもわかるように,恣意的なものであるという認識である.私たちの日常生活の「ふつう」のあり方が,絶対的ではなく恣意的であるということは,原理的に考えるならば,それが相対化可能なものであるということを意味している.しかし,それはあくまで原理的に考えればの話である.現実に日本語を母国語として生きている私たちの多くにとっては,蝶は「蝶」であり,蛾は「蛾」としてしか理解することができないものであろう.仮に,フランス語ではそれらは区別されておらず,そして蛾に対するネガティブなイメージといったものもないということを知らされたとしても,おそらく気持ち悪いものは気持ち悪いだろうし,こわいものはこわいだろう.それが相対化可能であるということを仮に知り得たとしても,そうした感覚を簡単に拭い去ることはできない.重要なのは,それが恣意的であるということをただ単に知ることにあるわけではない.私たちの日常生活の「ふつう」のあり方というものは,原理的に考えれば恣意的であり,相対化可能であるにもかかわらず,それを文字どおり生きている私たち自身にとっては,抗しがたい現実なので

あるということを理解することなのだ．

2．日常生活の予測不可能な性格

　こうした日常生活の「ふつう」のあり方というのは，いってみれば意外性や驚きといったものがなく，その意味において期待どおりの，予想どおりのなじみぶかい出来事や事柄によって構成されているといってよいだろう．しかしながら，この日常生活の成り立ちは決して単純なものではない．よくよく考えてみればわかるように，私たちの身の回りには予測不可能なことが溢れかえっているのではないだろうか．

　たとえば，朝せっかく早くに家を出て約束どおりに目的地に着こうと思っても，電車が止まって遅刻してしまったなんてことは誰にでも経験のあることだろう．試験の前日にやまをはって一夜漬けしても，憶えたことが出題されるわけでは必ずしもないはずだ．人のために良かれと思ってしたことが，必ずしもその人にとってよいことではなかったなんてことも，私たちがしばしば経験することだろう．もちろん，常に意外性があり，何が起こるか予測できないといった事態に巻き込まれているとしたら，それは決して「日常的」とも「ふつう」ともいえないような事態であろうが（「戦争」などはそうした事態の一例だろう），だからといって，それらの要素（ここでは予測不可能性とよぼう）が全くないという状態も，私たちにとってはおそらく，なんとなく不自然さをともなうものになるのではないだろうか．

　藤子不二雄の短編漫画に，このことを考えるうえで参考になりそうな作品がある（作品名「どことなくなんとなく」，藤子・F・不二雄（1995）『［異色短編集］3　箱船はいっぱい』小学館文庫，に収められている．オリジナルは1975年に発表）．詳しく説明してしまうと興ざめだろうから，簡単に紹介するにとどめるが，主人公はごく平凡なサラリーマンである．妻とまだ小さな子どもと暮らして

いる．端から見ればなんら問題もなさそうな家庭生活を営み，そして，会社へかよう．しかしながら，主人公はそのような「平凡」で「ふつう」の毎日に次第に違和感を覚えていく．というのも，主人公にとっては，毎日の生活にはなんの意外性もなく，すべてが予測どおりに進行していくからだ．すべてが予測どおりに進んでいく毎日というのは，考えようによっては，非常に快いものかもしれない．電車が遅れて遅刻することもないだろうし，やまをはれば試験はクリアできる．良かれと思ってしたことは，常に感謝されるはずだ．しかしながら，主人公はそうした予測不可能性の全くない日常に対して，なんともいえない不自然さを覚え，恐怖さえ感じていく．いってみればリアリティがないのだ．そこでは，決して「ふつう」ではない現実を生きる主人公の目を通して，（本来あるべき）日常生活の「ふつう」のあり方というものが，照らし出されているといってもよいだろう．

　このように，全く予測ができない状態というのはもちろん「ふつう」とはいえないが，実はすべてが予測可能（予測不可能性が全くない）という状態も，どうやら私たちにとっては「ふつう」ではないのだ．私たちの日常生活の「ふつう」のあり方というのは，私たちが生きていくうえで完全になくすことはできない予測不可能な事柄を，できる範囲で予測可能なものとしつつ営まれている．その意味において，そうした日常生活は決してあらかじめ与えられた自然の産物ではなく，私たち自身の働きかけによって人為的に成し遂げられるものなのであるといえよう．

3．日常生活の巧妙なマネージ

　では，私たち自身による働きかけというものについて考えてみよう．ここではまず，はじめての環境や人間関係のなかで，自分がどのような振る舞いをするかということを考えてみてほしい．たとえば，学校やバイト先などではじめて出会ったその意味では見ず知ら

ずの人々を，どのように理解しコミュニケーションを行うかといったことを考えてみてほしい．その人がどういう価値観をもっていてどういうものが好きでどういう性格なのかといったことは最初はわからない．でも学校やバイト先で出会った人々というのはおそらく自分にとって，それなりにうまくやっていかなくてはならない人間なのであろう．

　たとえば，その見ず知らずの相手が自己紹介をしてきた．おそらく私たちは，そこでこの相手がどのようなたぐいの人間なのかということを理解するための手掛りを得ていくことができるだろう．男であるか女であるか，歳はいくつか，出身地はどこか，服装はどんな感じか，趣味は何か等々といった情報を得た私たちは，相手がどんな「たぐい」の人間なのかということについての理解を形づくっていく．こうした手続きをここでは「類型化」と呼ぶことにしよう．私たちははじめての人間関係において，手に入れた情報をもとに，まずは大ざっぱな「類型化」をすることで，その人との付き合い方をある一定の方向に定位することが可能になるのではないか（もちろん，相手も同様にあなたを「類型化」し，付き合い方を一定の方向に向けていくはずだ）．人間は各々が個性的な存在であり，全く同じ人間というのはおそらくあり得ない．ということは，その人がどのような人間なのかということは基本的には予測不可能であり，そうした予測不可能性によって，ときに私たちはある種の不安を感じることさえあるだろう（何者かわからない人と平静を保ちつつコミュニケーションを行うことは難しいはずだ）．こうした場合，私たちはおそらく「ふつう」とは違う状態にあるのであろう．しかしながら，私たちは「類型化」という手続きを行うことで，この予測不可能によってもたらされる不安を取り除きつつ，理解（予測）の可能性を高め，この不安定な状態を，少しでも「ふつう」の状態へと近づけていこうとするのではないだろうか．

　はじめての環境や人間関係という状況は，いわば非日常的な状態といってもよい．このような状況における私たちの振る舞いからは，予測不可能性によって失われた日常性（「ふつう」であること）を回復する手続きが見てとれるといってもよいだろう．一見形式的で

「おやくそく」ともとれる自己紹介という「儀式」は，予測不可能な事態を予測可能なものに転化していくための慣習的な「装置」の一例とみなすことができる．つまりそうした「装置」によって私たちは互いに，自分自身と他者とを「類型化」するきっかけを与えられ，そのことで不安定な関係をより安定的なものへと転化していくことが可能となるのだ．

　こうした「ふつう」であることのマネージとでもいえる手続きは，何も非日常的な状態においてのみ見てとれるというわけではない．私たちにとってなじみぶかい日常生活も，実はこうした手続き抜きには成り立たない．たとえば，身近な（それゆえにきわめて日常的な）家族生活を例に考えてみよう．ここでは議論を簡略化して親との関係に絞って考えてみよう．

　私たちはおそらく親である彼/彼女らを，文字どおり「親（父親/母親）」としてみなしているはずだ．しかしながら，彼/彼女らは必ずしも「親」としてのみ生きているわけではない．彼/彼女ら自身にしてみれば，お互いは「夫」であり「妻」であるわけだし，また，彼/彼女らを「男」と「女」というふうに「類型化」することも基本的には可能であるはずだ．しかし，あなたたち自身からみた彼/彼女らは「親」であり，そしてそれに対応してあなたたち自身は，「子（息子であれ娘であれ）」であるのだろう．私たちは，その年上の男と女を「父親」と「母親」としてみなし，同時に自分自身を「息子」あるいは「娘」とみなすことで（つまり「類型化」することで），自分たちの関係性を親子関係とし，そのような関係性を維持することをとおして，「ふつう」の家族生活というものを成し遂げているのである．また親からみればおそらく年下の男や女を「息子」，「娘」とみなし，また自分たちを「親」とみなすことで，そうした「ふつう」の家族生活に関わっているはずだ．もちろんただ単にそのようにみなし合っているというだけではない．「親」であることそして「子」であることは，それぞれにふさわしいふるまい（行為，活動）によって体現されるはずだ．何者かであることあるいは特定の集団，集合の成員（メンバー）であるということは，そのメンバーとしてふさわしい行動や振る舞いを現に行っていると

いうことと不可分に関わるものである．その意味では「親」であることを行い，「子」であることを行うことをとおして，私たちは家族（親子）という関係性を文字どおりつくりだしているということができるだろう．

　通常，私たちは「親」をしているとか「子」をしているといったことについて，さして自覚的ではないだろう．それをあえて自覚しないことがまさに「ふつう」の家族関係であるからだ．しかしながら，そのようななじみぶかい日常生活も私たち自身の働きかけ，つまり「ふつう」であることのマネージによって成り立っているのである．予測不可能性を減らし，予測可能性を高めていくという日常生活において私たちが行っている巧妙なマネージは，はじめての人間関係の場合などのように，より意識的，自覚的に行われる場合もあるが，多くの場合，特に気づかれることもなく成し遂げられている．

　こうしたマネージが特に明確に意識されずに行われている状態，これこそが私たちにとって「ふつう」の状態なのであるといえよう．もちろん，新しい環境（職場でも学校でも友人関係でもよいが）においてしばしば私たちが感じる居場所のなさなどを考えてみればわかるように，私たちはふだん「ふつう」に行っていることをあえて自覚的に行わなくてはならないような場合もある．しかし，そこで行われるようなことも，実はふだん私たちが「ふつう」に行っていることと基本的には同じたぐいの手続きであるはずだ．そして，そうした非日常的な状況において意識的，自覚的に行われるマネージも，おそらく，私たちがその状況に慣れ親しんでいくにつれて，「ふつう」に行われるものになっていくのである．

4．「ふつう」であることを可視化する

　さて，冒頭で社会学は私たちの日常生活の「ふつう」のあり方に着目するということを述べた．そしてそうした「ふつう」の日常生

活が私たち自身の働きかけによって生み出され維持されているということを簡単に述べてきた．「ふつう」であることは，日常生活においては明確に意識されたり自覚されたりしないことであり，そのこと自体が「ふつう」であることの要点であるということも確認してきた．社会学的な観察（見ること）は，こうした日常生活のあり方を可視化し，それが私たち自身によってどのようにつくりあげられているかということを明らかにしていくことを可能にする．

　日常生活の「ふつう」のあり方は，私たち自身の働きかけによって成り立っている．しかしそれは決して個々人の意識や好き嫌いに還元できるものではない．私たちによるこうした日常生活のマネージは単に個人的なものではなく，他者に受け入れてもらえるようなものでなくてはならないということだ．いわば，私たちは，他者と協働でこの日常生活の「ふつう」のあり方を成し遂げているのだ．どのような「些細な」ことであれ，また「些細な」振る舞いであれ，それは社会的なものとして成り立っている．それは，そのような多数の「些細な」ものごとによって構成される私たちの日常生活が，あくまで社会的な存在としての私たち自身の働きかけによって成り立っているからである．この意味において，日常生活を社会学的に見るということは，同時に，私たち自身のあり方を見るということと決して無関係ではないのだ．

　こうした社会学的な見方は，私たちにとって「ふつう」の日常生活のあり方を批判的に問い返すという可能性をももっているといってよい．社会における矛盾や不平等といったさまざまな問題は，私たちが「ふつう」に生きている限り，なかなか自覚することはできないものである．「ふつう」であることがどのように成り立っているのかということを見ていくことで，そこになんらかの無視し得ない問題があることを発見することも可能になるだろう．日常生活の「ふつう」のあり方，これは私たち自身が置かれた世界のあり方と同義である．そして，そのような世界に生きる私たちは誰しもが，そのような意味での「ふつう」の存在であるし，いくら自分が個性的だと主張し得たとしても，おそらくそうした個性のあり方とてもこの「ふつう」の範疇のなかに回収され得るような個性なのだ．私

たちはそのことを自覚するとともに，世の中に対する批判や問題の提起を説得的に行っていく場合にも，まずはその対象がどのようなものとして成り立っているのかということを，ていねいに明らかにしていくということが大切だろう．社会学的な見方というは，そのために有効な道具立てのひとつなのだ．

＜参考文献＞
P. L. バーガー・T. ルックマン（山口節郎訳），1980，『日常世界の構成：アイデンティティと社会の弁証法』新曜社．
E. ゴッフマン（浅野俊夫訳），2002，『儀礼としての相互行為：対面行動の社会学』法政大学出版局．
J. F. グブリアム・J. A. ホルスタイン（中河伸俊・湯川純幸・鮎川潤訳），1997，『家族とは何か：その言説と現実』新曜社．
M. ナタンソン編（渡部光・那須壽・西原和久訳），1983，『アルフレッド・シュッツ著作集 第1巻 社会的現実の問題 1』マルジュ社．
G. サーサス他（北沢裕・西阪仰訳），1989，『日常性の解剖学：知と会話』マルジュ社．
平英美・中河伸俊編，2000，『構築主義の社会学：論争と議論のエスノグラフィー』世界思想社．

第2章

進む少子化
―― 子どもが少ないことは問題なのか？

辻 明子

はじめに
1．少子化の現状
2．結婚・出生行動の変化
3．少子化のメリットとデメリット
4．政府の少子化に対する考え方
おわりに

はじめに

　少子化は，現代日本社会が直面している特徴的な人口現象のひとつであり，ここから派生する問題は多岐にわたる．また，人口減少社会が今後数年間のうちに到来することが予測されるが，このことはその原因である少子化を「問題」としてきわだたせ，さらに少子化対策の重要性をいっそう強めている．

　しかしながら少子化の影響は，良いものもあるし，悪いものもある．決して「問題のみ」ではない．そこで本章においては，日本の少子化の現状と要因，そして少子化の結果生じる社会について考え，どのように少子化をとらえるかを考えたい．

　まず，日本の出生率の低下について把握することから始める．出生率の低下は，結婚をしている人が子どもを少なくもつ傾向と，結婚をしないあるいは結婚が遅い人が増加している傾向によってもたらされているが，こうした出産や結婚にまつわる意識と行動の変化をふまえ，少子化のメリットとデメリットについてあげていく．最後に少子化対策について現状をみたうえで，われわれが「少子化」をどのようにとらえるべきか，考えてみよう．

1．少子化の現状

　2000年の日本の出生数は約119万人で，これは26秒に一人の赤ちゃんが誕生していた計算となる（図1）．一人の女性が生涯に産む子どもの数を表わす合計特殊出生率[1]は1.36であったが，これは現在の日本人口を維持するために必要な合計特殊出生率の水準（人口置換水準[2]）の2.07を大きく下回っている．また，図2は先進諸国の1950年以降の合計特殊出生率の推移であるが，日本の出

図1　合計特殊出生率および出生数

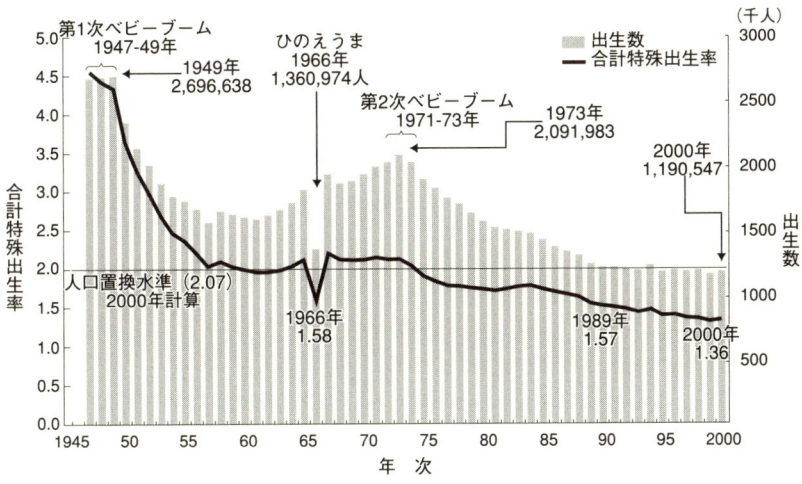

資料：国立社会保障・人口問題研究所編『人口統計資料集』

図2　合計特殊出生率の国際比較

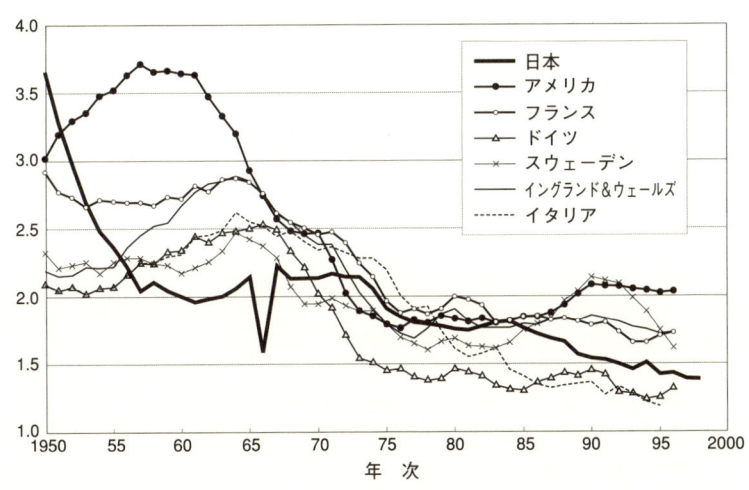

資料：厚生労働省大臣官房情報部編『人口動態統計』

第2章　進む少子化　23

生率は他の先進諸国と比べても非常に低い水準であるといえる．
　第2次世界大戦後の出生率の推移をみると，大きく次の3つに分けることができる．すなわち，a) 戦後復興期の急速な低下期，b) 高度経済成長期（初期・中期）の安定期，c) 近年の緩やかな低下期である．

a) 戦後復興期の急速な低下（1945〜57年）

　戦後の第1次ベビーブーム（1947〜49年）以降，合計特殊出生率は急激に低下し，1957年には2.04と人口置換水準程度にまで下がる．1947年の合計特殊出生率は4.54であったから，およそ10年で2.5低下したこととなる．この戦後復興期の出生率の急低下は，1948年の優生保護法の制定等によって人工妊娠中絶が可能となったことと，1952年以降家族計画プログラムの推進によって避妊が普及したことによってもたらされた（経済企画庁，1992：6）．

b) 高度経済成長期（初期・中期）の安定（1958〜1973年）

　1958年以降1973年まで，合計特殊出生率は，人口置換水準に近い水準で安定的に推移する．その間，1966年に「ひのえうま」による大きな出生の谷を経験する．出生数は136万974人で合計特殊出生率は1.58であった．また，1971〜73年には，第2次ベビーブームが生じた．これは第1次ベビーブーマーズが出生行動期となったため起きたことで，年間200万人を超える出生があった．

c) 近年の緩やかな低下（1974年〜現在）

　しかし，1973年の出生数209万1983人を頂点として出生数は減

---

1) 合計特殊出生率（total fertility rate）とは，ある年の再生産年齢（15〜49歳）の女性の出産構造を元に，概念上の一人の女性が生涯に産む子どもの数を表わしたもの．具体的には母の年齢別出生率（母の年齢別出生数÷同年齢の女子人口×1000）を15〜49歳まで合計した値である．なお合計特殊出生率のほかに，普通出生率（crude birth rate）がある．
　　普通出生率（‰）＝出生数÷10月1日現在日本人口×1000
　　（厚生労働省発表の2000年日本の粗出生率は，2000年1月1日から12月31日までの出生数を2000年10月1日の日本人人口で割ったものである．通常千人あたりの率（‰）で表わす．）

2) 人口置換水準とは，現在の人口を将来も維持するのに必要な合計特殊出生率の水準をいう．人口置換水準は死亡率によって左右されるから，国や時代によって異なる．なお2000年の日本の場合，2.07である．

少を続け，同時に合計特殊出生率も緩やかに低下していく．1989年にはひのえうまの1.58を下回る1.57という水準にまで低下し，日本社会に大きなショック（いわゆる1.57ショック）をもたらしたが，現在までその低下傾向に歯止めはかかっていない．1999年には史上最低の合計特殊出生率1.34を記録している．

1974年以降の合計特殊出生率は，人口を維持するために必要な合計特殊出生率の水準（人口置換水準）を下回るさらなる低下傾向を示している．このような超低出生率は，現代社会の価値観の変換によるものだから，構造的で恒常的であると考える人が多い（河野，2000：127）．つまり社会，文化の近代化，言い換えると西欧ヨーロッパ文明の受容の果てにたどり着いた，子どもやそれに関連する事柄への意識・価値・行動の変化のひとつが少子化であるというとらえ方である．このことは，具体的に出生についての行動の変化をみるとはっきりとしてくる．

2. 結婚・出生行動の変化

出生率の低下に関してはさまざまな要因が影響を及ぼしているが（図3），直接的には，非婚化・晩婚化（結婚をしないあるいは結婚が遅い人が増加すること）と有配偶女子（結婚している人）の出生率の低下によってもたらされているといえる．

2.1. 結婚行動の変化：非婚化・晩婚化の進行

表1は夫婦の平均初婚年齢であるが，1970年には夫26.9歳・妻24.2歳であった．これが2000年には夫28.8歳・妻27.0歳にまで上昇し，晩婚化が進んでいる．30年の間に初婚年齢は夫1.9歳・妻2.8歳上昇したのである．

表2は年齢別の未婚率であるが，女の未婚率をみると，20〜24歳および25〜29歳の未婚率の上昇が大きく，また1980年以降は30〜34歳の未婚率も上昇している．2000年の20〜24歳女の未婚率は

図3 出生率低下の要因

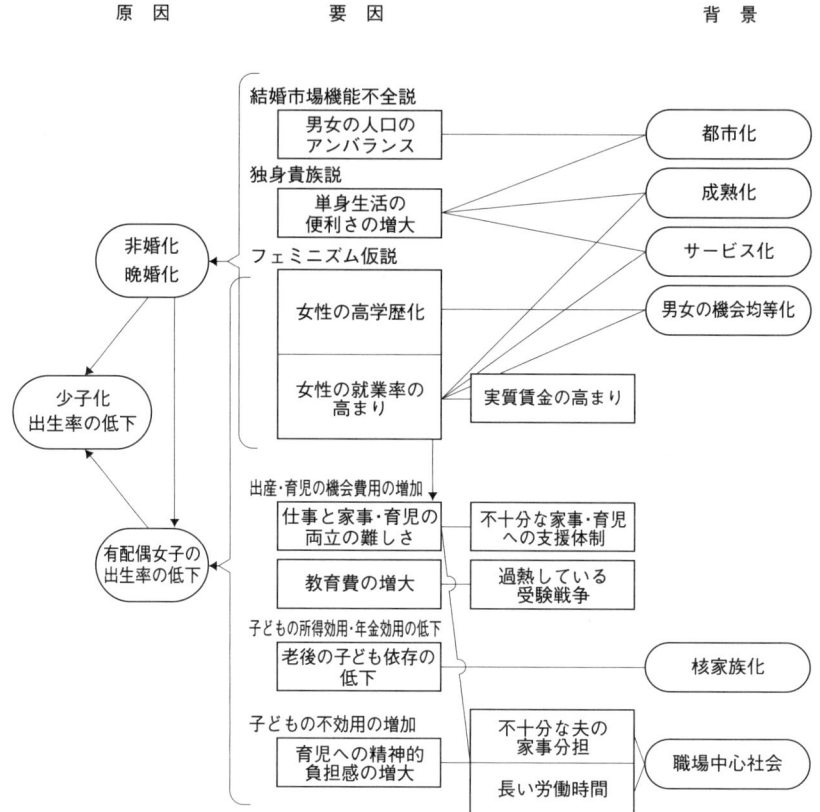

資料：経済企画庁編『平成4年版国民生活白書』を参考に作成

表1 夫婦の平均婚姻年齢（歳）

初　婚	1970年	1980年	1990年	2000年
夫	26.9	27.8	28.4	28.8
妻	24.2	25.2	25.9	27.0

資料：厚生労働省大臣官房情報部編『人口動態統計』

表2 年齢別未婚率

	1920年	1930年	1940年	1950年	1960年	1970年	1980年	1990年	2000年
男	29.3	32.3	35.0	34.3	34.8	32.4	28.5	31.2	31.8
15～19歳	97.2	99.0	99.6	99.5	99.8	99.3	99.6	98.5	99.5
20～24	70.9	79.6	90.8	82.7	91.6	90.0	91.5	92.2	92.9
25～29	25.7	28.7	41.9	34.3	46.1	46.5	55.1	64.4	69.3
30～34	8.2	8.1	10.3	8.0	9.9	11.7	21.5	32.6	42.9
35～39	4.1	3.9	4.4	3.2	3.6	4.7	8.5	19.0	25.7
40～44	2.8	2.4	2.7	1.9	2.0	2.8	4.7	11.7	18.4
45～49	2.3	1.8	2.0	1.6	1.4	1.9	3.1	6.7	14.6
50～54	2.0	1.5	1.5	1.4	1.1	1.5	2.1	4.3	10.1
女	18.7	21.2	24.9	25.7	26.9	24.9	20.9	23.4	23.7
15～19歳	82.3	89.3	95.6	96.5	98.6	97.8	99.0	98.2	99.1
20～24	31.4	37.7	53.5	55.2	68.3	71.6	77.7	85.0	87.9
25～29	9.2	8.5	13.5	15.2	21.7	18.1	24.0	40.2	54.0
30～34	4.1	3.7	5.3	5.7	9.4	7.2	9.1	13.9	26.6
35～39	2.7	2.4	2.9	3.0	5.4	5.8	5.5	7.5	13.8
40～44	2.1	1.8	2.0	2.0	3.1	5.3	4.4	5.8	8.6
45～49	1.9	1.6	1.6	1.5	2.1	4.0	4.4	4.6	6.3
50～54	1.7	1.4	1.3	1.2	1.6	2.7	4.4	4.1	5.3

資料：総務省統計局『国勢調査報告』

87.9％，25～29歳は54.0％，30～34歳は26.6％にまで高まっている．男の未婚率の傾向をみると，1970年までは晩婚が進んだが，30歳代までには婚姻する人が多かったために，30歳代以上の未婚率に大きな変化はなかった．一方，1970年から2000年までの変化をみると，晩婚化が30歳代にまで進んでいて，40歳になっても未婚である人の割合が高くなっていることがわかる．2000年には，30～34歳男の未婚率は42.9％，35～39歳は25.7％，40～44歳は18.4％にまで高まっている．

このように未婚化・晩婚化した理由として，a) 結婚市場機能不全説，b) 独身貴族説，c) フェミニズム仮説などをあげることができる（阿藤，2000：112-116）．

a) 結婚市場機能不全説

結婚市場機能不全として，①人口のアンバランスと，②見合い結婚から恋愛結婚への市場原理の変化によるものをあげることができる．まず，1970年代半ば以降青年男子の結婚難が生じた．1940年代後半から50年代前半の時期は，第1次ベビーブームに続いて急

激な出生数の減少が生じたが，このことはこの期間に生まれた男子にとって，年下の女子人口が少ないことを意味し，未婚化が進むこととなる（Anzo, 1985）．2000年現在の45～54歳の未婚率が非常に高いのはこのためと考えられる．また，見合い結婚から恋愛結婚へと理想の結婚の姿が変化する一方，従来の仲人仲介にあたる役割あるいは場の提供に代わるものが不足していると考えられている．つまり，阿藤（2000：113）によれば，自由恋愛市場に適したデート文化の未成熟は，シングル化促進要因のひとつと考えられるのである．

b) 独身貴族説

「パラサイト・シングル」と呼ばれる，成人した後も親元を離れずリッチな独身生活を楽しむ，20代，30代の人々にとって，結婚は貧乏の始まりという側面がある（山田，1999）．今日独身を続ける青年層は，経済の低成長下で，結婚しても親の家計よりも豊かな家計を営むことはできないからである．そこで親に寄生（パラサイト）して独身生活を満喫してしまう．その結果，いつまでも結婚しない人々が増加していると考えられるのである．

c) フェミニズム仮説

男女の雇用機会均等化や実質賃金の高まりを背景とした，女性の高学歴化，就業率の高まりなどが，「女性にとってのシングル生活の相対的メリットを高め，結婚生活の相対的メリットを低下させたとみる見方」（阿藤，2000：114）である．つまり，結婚と就業が二者択一的な関係にあるとする考え方である．

2.2. 出生行動の変化：有配偶出生率の低下と子どもの意味

出生率の低下には，①晩婚化による結婚確率の低下（出産行動を起こす母集団への参入の低下）と，②出生確率の減少が要因として考えられる．小川（2000）によると，1990年代前半では，結婚してから第1子の出産までの出生間隔が拡大し，その出生確率が減少したことが第1の要因であった．さらに1990年代の後半以降の出生力の低下は，長期不況で低所得グループのカップルが経済的不安をもち，子どもを生むことをためらったり断念し，第2子以降の出

生タイミングが遅れていることが主要因であると小川は分析する．つまり，日本の出生メカニズムの中枢部分は，1990年代において結婚（有配偶率）の動向から結婚している人の出生率（有配偶出生率）の動向に移行しつつあり，そのなかでも特に出生のタイミングの遅れが合計特殊出生率の低下に寄与しはじめている（小川，2000：20）．

このように経済的状況の悪化によって子どもを生むことを控えるのは，現代日本社会において子どもが「消費財」としての意味を強くもっているためである．ライベンスタインによれば，親が子どもから得る効用として，①消費効用，②所得効用，③年金効用がある（ライベンスタイン，1960；阿藤，2000；大淵，1997）．今日のように高学歴化が進みまた年金等の社会保障が進展してくると，所得効用および年金効用は小さい．そこで消費効用，つまり，子育てによって得られる心理的充足を得るために，子どもをもつようになる．

別の言い方をするならば，「子どもの価値」が変わったということである．現代日本の社会においては，心理的な充足を得るために子どもをもつという側面が強く，「子どもは，明るさ，活気，喜び，安らぎなど肯定的な気持ちを親に抱かせてくれる存在」（柏木，2001：12）という点が重要となってきた．

このように子どもが精神的な充足のための存在となったのは，現代社会の価値観が変わったためと考えることができる．こうした精神的充足としての子どもの意味が，今後強まることはあっても，弱まるとは考えにくい．つまり，こうした子どもに対する意味がある以上，日本を含めた先進諸国の出生率の低下は必然的であるし，人口置換水準にまで上昇することは困難であるといえる[3]．

---

3) 将来の合計特殊出生率の予測としては，2050年1.39（国立社会保障・人口問題研究所，2002）や2045-2050年1.75などがある．これらは，将来の人口を予測する際に用いられた数値である（各中位推計）．

3．少子化のメリットとデメリット

　少子化とその結果，つまり，子どもの絶対数が減ること，子どもが相対的に減ること，人口そのものが減ることによって，さまざまな変化がわれわれの周辺に生じてくる．少子化の及ぼす影響のうち，就業への影響や経済社会の活力への影響，特にデメリットについて，クローズアップされる傾向にある．経済的な問題は比較的はっきりしていることと，人口置換水準以下になってから25年以上たった今，超低出生率の結果，経済活動に新たに携わる若者数の減少が徐々に進行してきていることなどが主な理由と考えられる．長寿化の進行とあわせて考えると，具体的に年金制度などは今までの仕組みでは維持が困難となっている点などが，よく目立つ．
　しかしながら，こうした少子化の影響は良いものもあるし，悪いものもある．決して「問題のみ」ではない．また，デメリットのうちいくつかはなんらかの解決方法が想定されているものもあるのであって，いたずらに少子化を心配するばかりではならないように思う．
　そこで少子化の中長期的影響について，家庭，地域社会，教育，産業，就業，経済成長の順に，メリットとデメリットに注目しながらみていくことにしよう（表3）．なお以下は，経済企画庁（1992：219-230）の『平成4年版国民生活白書』を参考に述べていく．

a）家庭への影響
　メリット：少子化の進展により，子どもを有する家庭においても，子どもの数は2人ないし1人となることが予測される．家庭内の子どもの数が減少すると子育ての期間が短くなり，その結果，女性の出産・育児後の再就職や家事・育児と就業の両立などが増大することが見込まれる．こうした女性の職場進出に伴い，男性の家事・育児の参加がいっそう求められ，男女の固定的な性別役割分業の変化につながる可能性がある．同時に家庭の子育てあるいは介護の機能

表3 少子化の影響：メリットとデメリット

	メリット	デメリット	その他
家 庭	子育て期間の相対的縮小 親子関係の親密化 男女の固定的な性別役割分担の変化	子ども関係の希薄化	家庭の子育て・介護機能の変容
地域社会	地域の重要性の高まり 各種施設の総合化の促進	過疎化	
教 育	競争の緩和によるゆとりの発生 個性の重視，教育内容の多様化 生涯学習の促進	競争緩和による学力低下	
産 業	子ども一人あたりの消費単価の増加 市場全体の高齢者への配慮の進展 シルバービジネスの成長 省力化関連産業等の成長 女性向市場の拡大	子ども関連需要の量的減少 国内市場の拡大の鈍化	
就 業	若年層の失業率の低下 労働時間の短縮	労働力人口の減少 女性の職場進出の促進 コスト上昇圧力の増大	年功序列制度の変容
経済社会の活力への影響	一人あたりのストックの利用水準の上昇（一時的）	経済成長の鈍化 貯蓄率の減少 若・中年層の社会的負担の増大 技術革新低下の恐れ 環境・資源エネルギーの制約	

についても家庭外部化されていく可能性は高いようである．

　デメリット：家族規模が縮小し，きょうだい数が減少すると，それまできょうだいに接することによって身につけていた社会性が得られなくなるのではないかと危惧する意見もある．また，今や超少子化時代（1970年代以降）に生まれた人々が，子どもをつくる時期になっており，親自身が社会性を身につけるチャンスの低い環境で育っているため，彼らが子どもに与える環境が，さらに社会性を身につけるチャンスが少なくなる可能性がある．それを補う役割と

しての地域社会の役割がいっそう期待されるところである．

b）地域社会への影響

　メリット：若者の人数減少によって競争が緩和された場合，大人も子どもも時間的なゆとりが生じ，家庭あるいは職場，そして学校以外の生活の場としての地域の重要性が増大することが予測される．今後ますます，家庭や職場と並ぶ第三の生活の場としての役割を担うこととなろう．

　デメリット：少子化によって地域社会に人数が減ることと，人々のニーズが多様化することによって，地域社会の範囲の拡大が予測される．また，少子化が若年層を中心とする人口流出とあいまって地域社会の維持が困難となる地域も出てくる可能性がある．

c）教育への影響

　メリット：少子化の進行に伴って子どもを取り巻く教育環境に大きな変化が起こるであろう．競争の緩和によるゆとりの発生，その結果，個性の重視・教育内容の多様化などが促進される可能性が高い．また一方で，高等教育に関しては，18歳人口が減少しつづけることから，受験者側からみると受験競争が緩和される．

　デメリット：多くの大学で学生数の減少が生じ，運営上の努力が必要となる．これに対する解決策として，減少する18歳人口を補う動き，具体的には生涯学習の促進などもいっそう活発となるだろう．

d）産業への影響

　メリット：子ども関連市場が量から質の時代に移る場合は，子ども一人あたりの消費の増加が見込まれる．また高齢化や女性の職場進出に伴う新たな消費の創出などによって，少子化の進展が与える産業全般への影響はマイナス面ばかりとはいえない．

　デメリット：子ども数の減少により市場規模が縮小する可能性がある分野がある．超長期的に少子化が続き総人口の減少が進む場合，産業面においても市場規模の縮小などによる経済成長へのデメリットなどが考えられる．

e）就業への影響

　メリット：少子高齢化社会においては，若い年齢の労働者は希少

性があることから相対的価値が高まり，その結果として若年労働者の失業率が低下する可能性がある．

　デメリット：高齢化の急速な進展とともに生産年齢人口の割合の低下が生じているが，これと少子化とが進行すると，人的資源の省力化が進まないと，若年層をはじめとする労働力不足の問題が深刻となる．その対応には，高齢者，女性，そして場合によっては外国人の労働力をさらに導入することによって乗り切ることが選択肢となる．同時に労働生産性の上昇もその有効な対策となる．その際には，「高齢者の就労が若者の就労を阻害する要因となるのかどうか」，「女性の労働力化が進んだ場合の出生力のいっそうの低下はあるかどうか」，「外国人労働者とは，どのような国・地域のどのような技能・能力を有している人を想定し，さらに短期労働かそれとも日本に定住することを想定するのか」といった事柄を考えながら，選択を進めることとなろう．

　高齢者，女性の就労が進んだ場合，賃金体系に対する影響もあり，労働力人口における年齢別構成が逆ピラミッド型に近づいた場合，従来日本の労働慣行の特徴である年功賃金は変革が求められる．また，能力を重視した賃金体系，ポストの設定などがますます求められる．

f) 経済社会の活力への影響

　メリット：一人あたりという単位でみると，それまでの間に社会資本などの良質なストック，その他の有形無形のストックが蓄積され引き継がれていく場合，人口規模の収縮とあいまって，一時的に一人ひとりの利用水準を高めることも考えられる．

　デメリット：将来の経済成長の抑制要因として人口・労働力，国際的経済調整・経済摩擦，環境問題，資源・エネルギーの制約などがあげられる．全体としての経済成長率が低下するという予測もある．高齢化の進展によって家計貯蓄率が低下する可能性もある．また，老年人口比率の上昇から要介護老人の増加が見込まれ，公的年金制度の長期的安定といった問題が生じる可能性がある．環境の破壊や大きな国債残高といった負のストックが引き継がれることによって生活の質が低下することも考えられる．

ここで少子化対策のために重要なキーとなる視点を紹介したい．高山は，少子化と高齢化はその問題の質的内容が異なると指摘している．すなわち，高齢化は年金・医療財源の不足，介護サービス・施設の不足など経済的には「需要超過が問題」であり，「ヒト・モノ・カネを供給面においてどのように整備していくかが重要な政策課題となる」（高山，2000：25）のに対して，少子化は学校の統廃合，産婦人科医の患者減，教師の過剰など経済的には「供給超過が問題」である．つまり少子化社会では，「供給面においてヒト・モノ・カネをどのように廃棄し，転換していくかが重要な政策課題となる」（高山，2000：25）という．

　ここで列挙した，さまざまな面における少子化のメリット・デメリットは，少子化という子どもが少なくなる側面と，それと同時に高齢化という高齢者の増加によって加速されてもたらされる．ゆえに，ヒト・モノ・カネに対する「需要超過」と「供給超過」が進んだ結果生じるデメリットが混在しているが，それらを整理・分類して把握することは，「少子化デメリットを克服する」の際に非常に有益な視点である．

　また少子化の影響は，仮定にもとづく予測も多くあり，将来の結果は未定な点も多い．さらに個々人がどういった立場に立って判断するかによっても，その評価は異なってくる．たとえば日本という枠で考えるのか，人類全体で考えるのかというのは大きな解釈の違いとなる．日本という枠にとらわれず，人類の持続的発展を考えるならば，日本人口が縮小することはむしろ歓迎すべき事柄と考えることができる．この考えは，「少子化歓迎論」の多くの人々がもつ視点である．また少子化のもたらすデメリットに関して，それに対する十分な対抗策があり，かつ，またデメリットを克服した先には成熟・発展した社会が存在すると考える人は，「少子化楽観論」を唱えている．これに対して，少子化のもたらすデメリットを克服することが困難であると考える場合，「少子化悲観論」を論じざるを得ない．

　言い換えると，「少子化を歓迎するのか」，「楽観的にとらえるの

か」,「悲観的にとらえるのか」は,「日本という枠の中で考えるかどうか」,また「少子化のデメリットを克服できると考えるかどうか」という点による違いの現われなのである.

そしてデメリット,たとえば,労働力人口の減少を克服するために女性の労働参加を促すならば,日本の女性の労働を妨げている男女不平等の労働環境,育児・介護,税・社会保障システムを改善し,男女共同参画社会の推進が欠かせない.仮にそれが実現できた場合,多くの女性や家庭にとって労働力人口の減少というデメリットは,より豊かな生活を営むことを可能にする社会につながる道を開くこととなる.

このように,もし少子化のデメリットを克服できるならば,「少子化は問題」ではなく,「少子化は社会を変えるチャンス」と積極的にとらえることが可能となるのである.

4. 政府の少子化に対する考え方

日本の政府は少子化についてどのように考えているのであろうか. 1997年10月の人口問題審議会では,「少子化に関する基本的考え方について:人口減少社会,未来への責任と選択」というタイトルで少子化について次のようにとらえている.

経済面の影響として,①労働力人口の減少と経済成長の影響:経済成長率低下の可能性がある,②国民の生活水準への影響:現役世代の手取り所得が減少する可能性がある(高齢化の進展に伴う現役世代の負担の増大と手取り所得の低迷)をあげている.また社会面の影響として,①家族の変容:単身者や子どものいない世帯の増加,②子どもへの影響:子どもの健全成長への影響の懸念,③地域社会の変容:基礎的な住民サービスの提供が困難になる可能性,を指摘している.おおむねマイナス面の影響があるとしており,いずれにせよ「少子化が社会の様々な局面において,計り知れない大きな影響を与えることは間違いない」としている.

現在行われている少子化対策の元となっているのは，1999年12月に内閣総理大臣主宰・少子化対策推進関係閣僚会議で決定された「少子化対策推進基本方針」である．そこで，「少子化対策推進基本方針」で述べられている少子化対策の基本的な考えについてみてみよう．

少子化対策の基本的考え

◆少子化対策は仕事と子育ての両立の負担感や子育ての負担感を緩和・除去し，安心して子育てができるような様々な環境整備を進め，家庭や子育てに夢や希望をもつことができる社会にしようとするもの．

◆少子化対策の推進に当たっては，次の基本的視点に立つことが適当．

・結婚や出産は，当事者の自由な選択にゆだねられるべきものであること．

・男女共同参画社会の形成や，次代を担う子どもが心身共に健やかに育つことができる社会作りを旨とすること．

・社会全体の取り組みとして，国民的な理解と広がりを持って子育て家庭を支援すること．

厚生労働省，「少子化対策推進基本方針について」，平成11年12月17日少子化対策推進関係閣僚会議　(http://www1.mhlw.go.jp/topic/syousika/tp0816-2_18.html) より抜粋

　こうした少子化対策が功を奏するかどうかは，それがまず第一に，どこまで一人ひとりのニーズをくんだものであるかにかかっている．結婚や出産の妨げになっている社会の意識，慣行，制度の是正と子育てを支援するための諸方策を推進することが重要であるが，それらは，単に出生率を向上させるための政策ではなく，家族構造の変化，家族機能の低下に伴う多様なニーズに対応することが課題となっている（西村，1998：42）．

　また，少子高齢化社会，あるいは人口減少社会の対策ということ

から考えるならば，将来問題となるデメリット，具体的には労働力人口の減少などに対する対策としても有効な政策が求められる．将来の労働力を確保するためには，日本の女性の労働を妨げているものを改善する必要がある．男女不平等の労働環境，育児・介護，そして就労を阻害する税・社会保障システムがそれである．もし，女性の就労と出生率の上昇の両方を目指すならば，雇用政策と家族政策の両面の拡充によって，「仕事か子どもか」という二者択一から解放され，仕事も子どもも両方手にする環境を整える必要がある．そのためには，男女共同参画社会の推進を労働，家庭，地域といった場面で行っていくことと，仕事および子育てそのものの負担を小さくしていく，雇用慣行の是正（働き方の変革），子育て支援の推進等の家庭機能の外部化に対応したシステムづくりがいっそう求められる．さらに，所得税控除，健康保険制度，年金制度などは女性の就労を構造的に阻害している側面があり，これらとの調整・改革を行いながら少子高齢化社会の対策を講じることが必要である．

おわりに

　少子化の影響は決して「問題のみ」ではない．また，どういった立場に立って判断するかによって，その評価は異なってくる．また，一人ひとりが，どの立場に立つか，あるいはどの考え方に共感を覚えこれからの社会を形作っていくかという点によって，われわれの社会のたどる道筋は自ずと異なってくるであろう．
　出生率の低下によってもたらされた人口構造の変化が，今日のように問題視されるのは，新しい人口構造が既存の社会のシステムの継続に困難をもたらすからである．その場合，①人口構造を変える（出生率を上げる），②社会のシステムを変える，のいずれかあるいは両方を行うことが社会が円滑に継続していくための選択肢となる．
　ここでもう一度，少子化・低出生率という現象が生じた背景について思い返してみよう．それは現代社会の価値観の変換，子どもや

それに関連する事柄への意識・価値・行動の変化が背景であった．子どもを精神的な充足のためにもつ以上，日本を含めた先進諸国の出生率の低下は必然的であるし，人口置換水準にまで上昇することは考えにくいのである．

つまり，対応方法としては，出生率を上げるために力を注ぐよりも，変化した人口構造にあわせて社会のシステムを対応させていく努力をより強く進めていくことが，われわれの進む道ではあるまいか．出生行動を以前の形に戻すような努力ではなくて，新しい価値観，新しい行動，新しい人口構造を受け入れつつ，社会の仕組みの再構築を進める方が望ましいのではないか．その際，特定の世代，性別などの人々にデメリットが偏らないように，みんなでデメリットを引き受けていく社会をつくること，それが，少子高齢化社会における重要な目標となると思われる．

もちろんこのことは出生率の上昇のための努力を放棄してよいということではない．結婚や出産の妨げになっている社会の意識，慣行，制度の是正と子育てを支援するための諸方策を，家族構造の変化，家族機能の低下に伴う多様なニーズに対応し行うことは非常に重要である．

さらにその動きが，少子化のデメリット，たとえば労働力人口の減少を克服するための女性の労働参加を促す動きと連動し，男女共同参画社会が実現できた場合，多くの女性や家庭にとって，労働力人口の減少というデメリットは，より豊かな生活を営むことを可能にする社会につながる道を開くこととなる．このように，少子化は「社会を変えるチャンス」を内包していると考えることができるのである．

<参考文献>
Anzo, S, 1985, "Measurement of the marriage squeeze and its application," Jinkogaku Kenkyu/Journal of Population Studies, 8：1-10.
阿藤誠，2000，『現代人口学：少子高齢社会の基礎知識』日本評論社．
柏木恵子，2001，『子どもという価値：少子化時代の女性の心理』中公新書．
川本敏編，2001，『論争・少子化社会』中公新書．

経済企画庁編，1992，『平成4年版国民生活白書：少子社会の到来，その影響と対応』大蔵省印刷局．

国立社会保障・人口問題研究所，2002，『日本の将来推計人口：平成14年1月推計』厚生統計協会．

河野稠果，『世界の人口 第2版』東京大学出版会．

厚生省，1998，『平成10年版厚生白書：少子社会を考える―子どもを産み育てることに「夢」を持てる社会を―』ぎょうせい．

H. ライベンスタイン（矢野勇訳），1960，『経済的後進性と経済成長：経済発展理論の研究』紀伊国屋書店．

西村淳，1998，「少子化と家族政策の世界的潮流：第三回」『保育界』，98(10)：40-42．

小川直宏，2000，「長引く景気不安が出生率を低下させる」『エコノミスト』12月11日号．

大淵寛，1997，『少子化時代の日本経済』NHKブックス．

高山憲之，2000，「男性の働き方を変えよう」『ESP』，415：24-27．

藤正巌・古川俊之，2000，『ウェルカム人口減少社会』文春新書．

山田昌弘，1999，『パラサイト・シングルの時代』筑摩書房．

第3章
高齢社会の到来
―― 高齢者は社会を不幸にするのか？

村田 久

はじめに
1. 高齢社会の時代
2. 高齢社会の特徴
まとめ

はじめに

　戦前のわが国は，先進諸国のなかでは極端に短命な社会であった．20世紀はじめに欧米諸国の平均寿命は50歳を超えていたが，日本では45歳にも届いていなかった．日本人の平均寿命が男女とも50歳を超えたのは1947年のことであった．しかし，その後の平均寿命の伸びは最も速いものであった．

　そしてまさに日本における，20世紀後半から21世紀前半にかけての急速かつ劇的な社会変化のひとつとして，高齢社会の到来があげられる．高齢社会とは，人口の高齢化が進んだ社会状況のことであり，社会の近代化過程で生じた人口転換のダイナミックスとしてとらえられる．この高齢社会と呼ばれる時代状況の変化は，社会経済制度の再検討とライフスタイルの再構築という課題をわれわれにもたらした．高齢者自身の生き方が変わるとともに，いずれは高齢期を迎える若い世代の生き方も影響を受けることになる．

　さて，日本では，このような高齢社会への転換を「高齢社会問題」としてとらえ，高齢者の増加は社会にとって好ましくないものとする風潮が存在する．本章では，本当に高齢者が社会を不幸にしているのかを客観的に分析するため，高齢社会をもたらした要因とその背景を今一度整理し，人口統計を用いて動向を分析する．さらに本論により整理，提示された人口学的フレームに沿って，日本における高齢化への社会状況の変化を，正の側面と負の側面という二つの視点から考察していく．

1. 高齢社会の時代

1.1. 高齢社会，三つの要因

　一般に，高齢化とは社会の全人口に占める65歳以上[1]人口（老年人口）の割合が増加する現象を指す．老年人口が7%を超えたとき，その社会は高齢化が始まったものとみなされる．日本の場合，高齢化が始まったのは1970年代初めであり，2000年10月1日現在の国勢調査によると，高齢者の人口は2200.5万人で総人口（1億2692.5万人）に占める割合（高齢化率）は17.3%となっている．

　高齢社会は人口の高齢化により起こされた社会状況であると先に述べたが，高齢社会は一つの変数により説明されるものではなく，さまざまな要因の複合により起こった現象としてとらえられる．たとえば，図1に示すように，三つの要因に分けることができる．

　一つめの要因として平均寿命の伸張があげられる．表1は日本人の平均寿命の伸張を男女別の時系列で表わしたものである．戦後

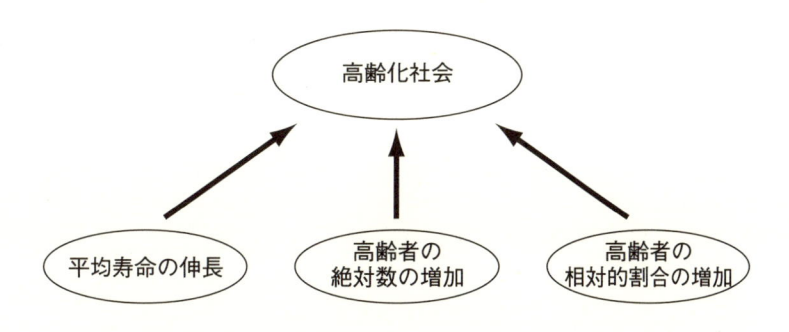

図1　高齢化社会の3つの要因

高齢化社会　←　平均寿命の伸長　／　高齢者の絶対数の増加　／　高齢者の相対的割合の増加

---

[1] 高齢者の定義に関しては，通常，65歳以上とすることが多い．発展途上国のような若い人口構造をもつところでは60歳以上人口を用いることもある．国連では60歳以上を基準にしている．

表1　平均寿命の年次推移

(単位：年)

暦年	男	女
昭和22	50.06	53.96
25－27	59.57	62.97
30	63.60	67.75
35	65.32	70.19
40	67.74	72.92
45	69.31	74.66
50	71.73	76.89
55	73.35	78.76
60	74.78	80.48
平成　2	75.92	81.90
7	76.38	82.85
8	77.01	83.59
9	77.19	83.82
10	77.16	84.01
11	77.10	83.99

資料：厚生省大臣官房統計情報部管理企画課「生命表」「簡易生命表」

　日本人の平均寿命は一貫して伸びつづけており，2000年には男性77.64年で，女性は84.62年となっている．平均寿命の伸張は社会の高齢化を促進する大きな要因の一つであるといえる．

　二つめの要因として高齢者の絶対数の増加があげられる．図2

図2　高齢者数の時系列変化

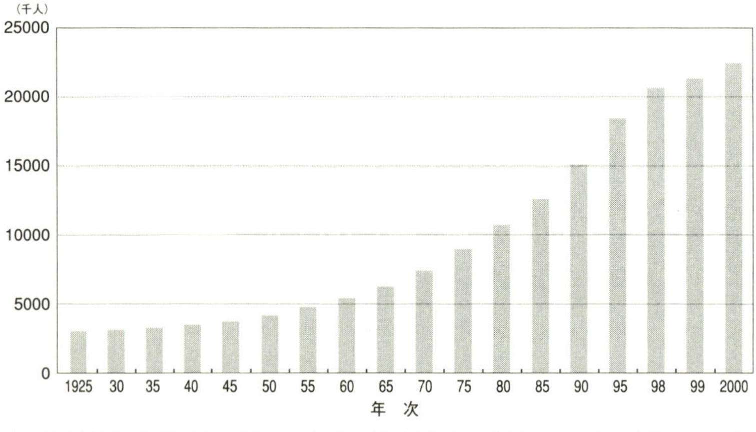

資料：総務省統計局統計調査部国勢統計課「国勢調査報告」「国勢調査速報シリーズ抽出速報集計結果」「日本の人口」「人口推計年報」

は 65 歳以上高齢者の人口を時系列でグラフ化したものである．戦後一貫して高齢者人口が増加している様子がわかる．老年人口の増加数は近年になるほど増加しており，1990～1995 年の 5 年間に 336.6 万人増加した．また，2000 年の国勢調査では 65 歳以上人口は 2200.5 万人であるから，1995～2000 年の 5 年間には老年人口は 374.4 万人増加していることになる．

最後の要因として高齢者の相対数の増加があげられる．この変数は先に述べた人口の高齢化を表わす変数であり，出生率の低下，すなわち少子化と密接に関係している．表 2 は高齢化率の時系列変化を表わしたものである．わが国の高齢化率は 1970 年には 7.1% であったのが 1994 年には 14.1% になり，この 24 年間に倍増したことになる．2000 年の高齢化率は 17.3% に達している．高齢化率は，1950 年以降は上昇傾向を示しており，そのトレンドは最近になるほど加速化している．

このように高齢化の要因は三つに分解して考えることができる．

表 2　高齢化率の時系列変化

		総　数	65 歳以上	高齢化率
大正 14 年	1925	59,737	3,021	5.1
昭和 5 年	1930	64,450	3,064	4.8
10	1935	69,254	3,225	4.7
15	1940	73,075	3,454	4.7
20	1945	71,998	3,700	5.1
25	1950	83,200	4,109	4.9
30	1955	89,276	4,747	5.3
35	1960	93,419	5,350	5.7
40	1965	98,275	6,181	6.3
45	1970	103,720	7,331	7.1
50	1975	111,940	8,865	7.9
55	1980	117,060	10,647	9.1
60	1985	121,049	12,468	10.3
平成 2 年	1990	123,611	14,895	12
7	1995	125,570	18,261	14.5
10	1998	126,486	20,508	16.2
11	1999	126,686	21,186	16.7
12	2000	126,920	22,271	17.3

資料：総務省統計局統計調査部国勢統計課「国勢調査報告」
「国勢調査速報シリーズ　抽出速報集計結果」「日本の人口」「人口推計年報」

表3 主要国の65歳以上人口割合の到達年次とその倍加年数

	到達年次				倍加年数（年間）	
	7%	10%	14%	20%	7→14%	10→20%
日本	1970	1985	1994	2006	24	21
アメリカ	1945	1972	2014	2033	69	61
フランス	1865	1935	1979	2021	114	86
ドイツ	1930	1952	1972	2017	42	65
イタリア	1930	1966	1989	2010	59	44
スウェーデン	1890	1950	1972	2016	82	66
イギリス	1930	1950	1976	2028	46	78
中国	2002	2019	2031	−	29	−
インド	2020	2032	2047	−	27	−
シンガポール	1997	2011	2019	2026	22	15

資料：平成9年『人口高齢化と高齢者』大蔵省印刷局

　平均寿命の伸張，高齢者の絶対数の増加，相対数の増加がそれぞれ同時に進んだとき，高齢社会への進行が急速なものとなる．

　高齢化のスピードは，ある値の高齢化率に達するまでの期間によって測定することができる．高齢化率が7%から14%になるまでの年数，あるいは10%から20%になるまでの年数である．表3に7～14%，10～20%までの年数をそれぞれ示した．これをみると，日本以外の先進国では長期間であるのに対し，日本では7～14%は24年，10～20%は21年と短いことがわかる．また，中国，インド，シンガポールなどのアジア諸国においてもそれらの期間は日本と同じかそれ以下となっており，今後はアジア諸国において高齢化率が急速に進むことが示されている．

1.2. 高齢社会の背景

　さて，以上の三つの要因（カテゴリー）をもとにして，これらをもたらした社会的背景についてみていこう．図3は図1をもとに，さらに詳しく要因分解した枠組みを表わしたものである．

　この図に従い具体的に解説していくと，平均寿命の伸張は死亡率（図4）の改善によることは自明のことであるが，1920～1950年までの死亡率の低下は，特に乳児死亡率（図5）の低下によるところが大きい．1960年以降は65歳以上の死亡率の低下が平均寿命の伸びに大きく寄与している．これら，死亡率，乳児死亡率の低下は栄

図3 高齢化社会の要因分解図

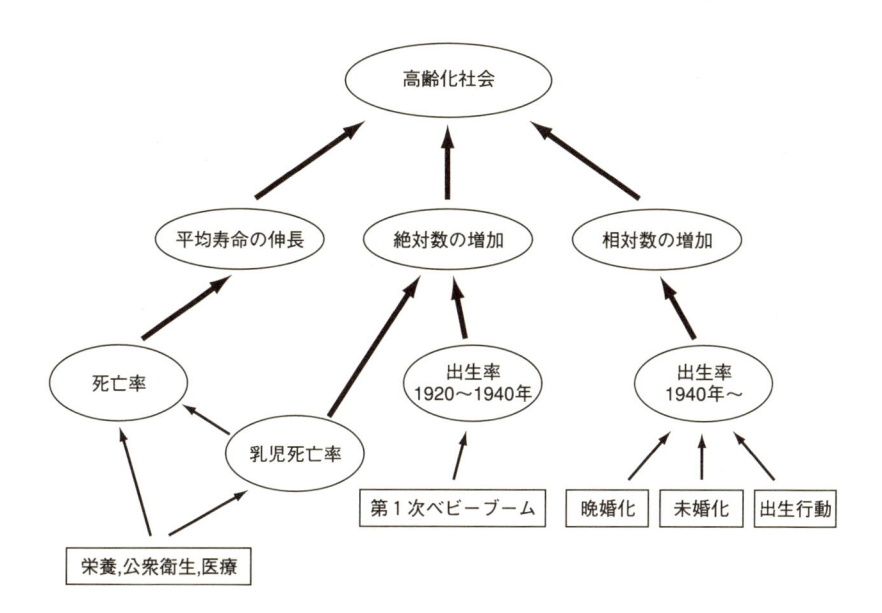

養，公衆衛生，医療の向上によりもたらされていることはいうまでもない．

　高齢者人口の絶対数の増加に関しては，出生率（図4）の年次変化をみてみると，1920年代以降1940年までは低下傾向にある．これは現在の高齢者の60〜80歳のコホート[2]に相当する．それにもかかわらず現在の高齢者の絶対数が増加している原因としては死亡率，なかでも1920〜1940年にかけての乳児死亡率の劇的低下が関係している．図5の乳児死亡率の時系列変化をみると1920年を境に急激に乳児死亡率が低下していることがわかる．これは人口転換モデル[3]において人口動態を多産多死，多産少死，少産少死型に分けた場合の多産少死にあてはめることのできる期間である．

　また，1940年を境に戦時中の一時期を除き出生率が増加に転じ

---

2) コホート（cohort）の語源は，もともと古代ローマの歩兵隊の一単位で，300〜600からなる兵隊の群の意味．人口学では同じ年齢の集団を指し，同時出生集団あるいは世代を意味する．

第3章　高齢社会の到来　47

図4 出生率と死亡率の年次推移

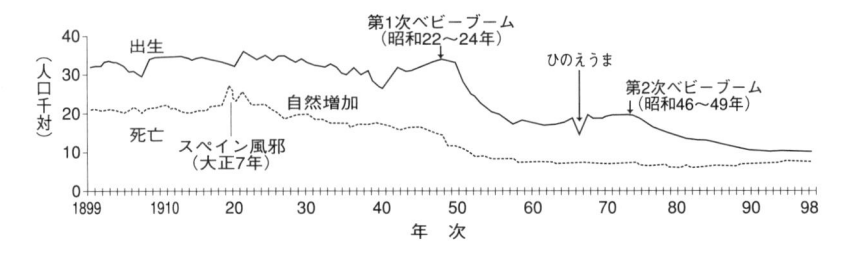

図5 新生児死亡率と乳児死亡率の年次推移

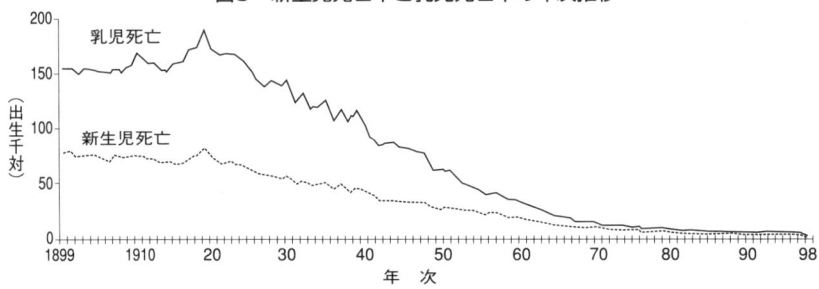

資料：厚生統計協会『1998年人口動態統計月報』

3) ヨーロッパの人口動態の変動を近代化との関連で一般化したもの．人口転換の過程は四つの局面（Ⅰ，Ⅱ，Ⅲ，Ⅳ）に区切ることができる（下図）．Ⅰの局面は前近代の社会で，出生率も死亡率も高い水準にある．Ⅱの局面では死亡率は持続的な低下を示すのに対し，出生率は高い水準にあるため人口増加が加速する．Ⅲは，死亡率の低下が続くなかで出生率も低下を示す局面．Ⅳの局面は人口転換後の低い出生率と低い死亡率を示す．

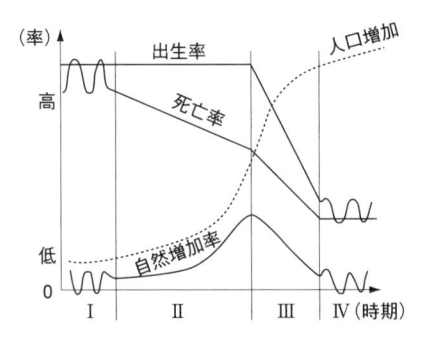

ていることがみてとれる．この増加は1947〜1949年の第1次ベビーブームをピークとする頃まで続き，これを現在に置き換えてみると，第1次ベビーブーマが高齢者になる今後20年は，高い割合で高齢者が増加することが予測される．

　高齢者の相対数の増加に関しては，出生率の低下がその原因としてあげられる．図4をみると戦後のベビーブーム（1947〜1949年）のあと10年間で出生率は半減している．この急激な出生率の低下はその後60年以上にわたって人口の高齢化，すなわち高齢者の相対数の増加を促進する効果を持続している．

　出生率の急な低下のみならず，長期にわたる低い出生率が続くと高齢化を高めることが安定人口理論により確認されている（岡崎，1979）．つまり低い出生率は死亡率の低下より人口の高齢化に強い作用を与える．

　出生率の低下に関しては，現状では真のメカニズムの解明にいたっていないが，未婚率の上昇，晩婚化，出生行動などの社会的変化による影響が大きいと考えられる（本書，第2章参照）．

　本章で提示された三つのカテゴリーは図3に示された矢印にあるように，他のカテゴリーにも影響を及ぼしている．同時に，カテゴリーの下位概念にあるカテゴリーは一つのカテゴリーのみに影響を与えるのではなく，複数のカテゴリーに影響を与える．この意味において高齢社会とは，人口動態，要因，社会的状況の相互作用によりもたらされた複合的現象であるといえるのである．

2．高齢社会の特徴

　高齢化社会の到来によりもたらされた社会状況の変化を，前節で示された平均寿命の伸張，高齢者の絶対数の増加，相対数の増加の三つの要因を分析フレームとして考察していくとともに，引き起こされる社会状況を負の側面，正の側面に分けてそれぞれ検討していこう．

2.1. 負の側面

　平均寿命の伸張により起こる問題の一つとして介護の問題があげられる．かつて「人生50年」といわれ，70歳まで生きる者は滅多にいなかった．しかし，今日の日本における平均寿命は70歳を大きく超えている．現代医学は多くの場合，疾病や病気を制圧してきたが，それはそのまま健康をつくりだすものではない．弱っても死ねない状況が，高齢社会になりより強く出現してきたといえる．平均寿命の伸張はそのまま介護期間の伸張と強く相関する．これは高齢者自身の負担も大きいが，同時にまわりにいる家族の負担が増大していることを指し示している．

　次に，生き甲斐の問題があげられる．「人生50年」であれば，仕事や子育てが終了したときが寿命の尽きるときであったが，現在ではさらに20年近くの時間が残されている．仮に健康な老後を迎えることができたとしても，退職後の所得は低下し，依存，孤立，志気の低下が起こりやすい．これらの社会的喪失を乗り越え，残された時間にいかに生活を再構築できるかが大きな課題であるといえる．

　高齢者の絶対数の増加により顕在化してくる問題としては，老人医療施設の数，老人ホームの数，ヘルパーの数など，数量の問題がある．日常生活において他人の手助けを必要とする高齢者は，いつの時代にも存在したが，それが社会問題として注目されるようになったのは高齢者の絶対数の増加の進展によるものである．

　たとえば，厚生省の「国民生活基礎調査」によれば，1989年における65歳以上の在宅の要介護数は63万人，1995年においては86.2万人であった．6年間で1.4倍に増加している．年率では5.3％の増加である．また，痴呆性高齢者の数も1990年に99万人程度であったものが2000年には150万人に達している．

　『厚生白書（平成9年版）』には，寝たきりや痴呆のほかに，虚弱となり介護や支援などの援護を必要とする高齢者を虚弱者として区分し将来推計値を算出している．それによると，1993年には寝たきりが90万人，痴呆10万人，虚弱100万人，合計200万人の「要援護者」がいることになる．これらの値は将来的には増加し，要援護者の数は2000年には280万人，2010年には390万人，2025年に

は520万人に達すると推計されている.

厚生省の「社会福祉施設等調査報告」によれば,特別養護老人ホーム,養護老人ホーム,軽費老人ホームなどの老人福祉施設の数は,1996年では1万5000カ所であり,前年の1万2904カ所に比較して大きく増加している.これらの老人福祉施設に入所している高齢者の数は1996年には33万279人であった.1995年には30万7912人であったから,この1年間に7.3%増加していることがわかる.

このような寝たきりや痴呆性高齢者の増加は医療サービス,高齢者福祉に対するニーズをますます高めている.政府では介護保険制度の実施などの新たな状況に対応するため,平成11年度から『今後5か年間の高齢者保健福祉施策の方向』(ゴールドプラン21) を実施し取り組みを進めている.しかし,これだけでは増大するニーズに対応できるものではなく,今後,官民をあげた対応が課題となっている.

次に,高齢者の相対的割合の増加により現われてくる問題として,経済的負担の増大があげられる.ここであげられる経済的負担とは高齢者扶養の社会的負担を指し,具体的には年金,老人医療費などがあげられる.高齢者になれば仕事を離れる人が多くなり,介護や医療サービスを必要とする割合が高くなるから,高齢者の相対数が高くなるということは高齢者を扶養する負担が社会にとって重くなる,すなわち若い世代の人々の負担が将来的に増加することを意味する.

1965年には老年人口(65歳以上)1人を12.2人の生産年齢人口(15～64歳)により扶養していたのが,2025年には2.3人で扶養しなければならないと推計されている.厚生労働省の試算によると,厚生年金の場合,1980年には年金受給者1人に対して12.5人の加入者であったのが,2010年には1人に対して2.9人の比率になる.医療の問題についてみると,1983年に老人保健制度がつくられ,老人医療と40歳以上の中高年者のための保険事業が実施されるようになった.それにともないわが国における老人医療費は大きく増加し,現在では国民医療費総額のうちの3割以上を占めるに至っている.

高齢者に対する生活保障，医療の充実など高齢者扶養負担の問題は，高齢者の相対数の増加によりますます重要な課題となり，生産年齢人口に属する人々の負担が耐え難いものになる恐れがある．そのような事態に効果的に対応できるような社会制度をつくることが要求されている．

2.2. 正の側面
　以上，高齢社会の負の側面に焦点をあて日本の社会をみてきた．高齢社会が語られるとき，このように「問題」を中心に述べられることが大半である．われわれは近代化の過程において，ステレオタイプな高齢者像をつくりあげてきた．たとえば，高齢者は病気であり，非生産的であり，もうろくしている，性欲とは無縁である，といった誤った俗説，老いに対する"神話"である．最近の老いの科学的研究は，こうした老いの神話に根拠がないことを明らかにしている（嵯峨座，1999）．

　このようにわが国では，高齢化社会の負の側面，ネガティブなイメージが先行し，社会の実像として認識されている．この認識は悲観論的であり，偏った認識であるといわざるを得ない．なぜならば高齢社会には正の側面もまた存在するからである．本項では，高齢社会の正の側面に焦点をあて，日本における高齢社会の状況をみていく．

　長寿は万人の共通の願いである．この意味でこの半世紀で平均寿命を20歳以上も伸ばしえた社会は，さまざまな問題があるにしても，人々にとって非常に幸福な社会であるといえる．今日，成人に向かっている若者，老年に向かっている中年層の人々にとっても，著しく延びた人生の長さは，先人たちがもっていたものとは異なる人生内容の質的変化をもたらしている．

　ライフコースの観点からみると，子育て，仕事から解放された後の第二の人生を歩むことができるようになったといえる．近年よく聞かれる「エイジング」（aging）[4]と呼ばれる概念のなかには，高齢期への発達というコンセプトが内包されている．高齢化社会において老後が長期化するにつれ，高齢期に達成すべき課題が多く示さ

れるようになり，これらの課題の達成を通してサクセスフル・エイジングを実現していくことが可能になった．

また，日本の高齢者の就業率は先進諸国のなかでもとび抜けて高い．仕事をすることは生活のための基本的資源を得るだけではなく，人間関係のネットワークを広げ，活動力を増し，社会参加の充実感を得ることである．平均寿命の伸張によりこれらの期間が増えたことは人々にとって重要なメリットであるといえる．

高齢者の絶対数の増加によりみえてくる高齢社会における正の側面として，次の三つの点があげられる．

第1に，高齢者にとっての交流，活動の機会の増加があげられる．表4は「老人クラブ数と会員数の推移」（厚生省大臣官房）である．これをみると平成9年度までは増加基調にあり，それ以降は現状維持で推移していることがわかる．このほかにも教育委員会および公

表4　老人クラブ数・会員数

年　度	60歳以上人口 (A) (千人)	クラブ数	会員数 (B) (人)	会員率 (B/A×100) (％)	1クラブ当たり 会員数 (人)
平成2年度	21,640	131,653	8,520,590	39.4	64.7
3	22,502	132,076	8,579,847	38.1	65.0
4	23,324	133,064	8,691,291	37.3	65.3
5	24,129	133,714	8,777,371	36.4	65.6
6	24,905	133,923	8,795,498	35.3	65.7
7	25,736	133,921	8,802,717	34.2	65.7
8	26,634	134,199	8,836,319	33.2	65.8
9	27,457	134,285	8,869,086	32.3	66.0
10	28,220	134,119	8,854,638	31.4	66.0
11	28,816	133,607	8,791,499	30.5	65.8

資料：統計情報部「平成11年度社会福祉行政業務報告（厚生省報告例）」

4) 英語のagingという単語は「年をとること」を意味するが，そのほかに加齢，老化，熟成，時間効果などの訳語がある．老年学（gerontology）の発達にともない，1950年以降，エイジングは衰退の過程としてだけでなく，前進（ポジティブ）の過程として捉えられるようになってきた．アメリカの老年学者M. W. ライリーは次のように定義している．「エイジングとは，人が出生から死に至るなかで社会の全階層を通過し，成長し，老化していく生涯にわたる過程である．それは，人のライフコースにおけるある1つの任意の時点を超えてから現われる単なる老化とは異なる」(Riley, 1985)

民館における高齢者対象の学級・講座，民間によるもの，私的なサークルを含めて複数の社会参加へのルートが用意されている社会状況をつくりだしている．

1993年に総務庁が60歳以上の高齢者が地域社会でどんな団体に参加しているかを調べるため実施した「高齢者の地域社会への参加に関する調査」によると，なんらかの団体に参加している人は全体の63.0％を占めていた．所属が最も多い団体は町内会・自治会で31.0％であり，ついで老人クラブ27.0％，趣味のサークル・団体18.4％であった．年齢別でみると，参加している人の割合は，70～74歳が70.4％で最も高く，ついで75～79歳67.8％，80歳以上62.1％となっている．この調査では同時に，「過去1年間に，個人または友人と，あるいはグループや団体で自主的に行われている活動に参加」したかどうかを聞いている．その結果は，「健康・スポーツ」が18.9％で最も高く，「趣味」17.9％，「地域行事の世話」9.9％の順であり，全体でなんらかの活動に参加した人の割合は42.3％となっている．

一昔前では，高齢者は社会から切り離された存在としてイメージされていたが，今日では高齢者の絶対数の増加により，高齢者のコミュニティが多数確立され，孤立する高齢者の割合は少なくなっていると考えられる．

第2には，高齢者の絶対数の増加を社会資源の増加としてとらえる側面である．高齢者は社会福祉の対象であるが，同時に社会福祉のための資源としても重要な役割を果たす．たとえば，不完全な就業形態にある高齢者や仕事から引退した高齢者は福祉などのボランタリーな活動の有効な資源としてみることができ，現実的にも高齢者によるボランティア活動は増加の傾向にある．

平成5年に内閣総理大臣官房広報室が実施した「生涯学習とボランティア活動に関する世論調査」によると，60歳以上の高齢者が実行したことのあるボランティア活動として高いものからあげると，「自然環境保護に関する活動」（33.0％，ボランティア活動をしたことのある人での割合），「社会福祉に関する活動」（32.6％），「体育・スポーツ・文化に関する活動」（22.9％），「青少年育成に関する活

動」(20.8%),「募金活動,チャリティバザー」(20.1%)などである.

総務庁が1996年に実施した5カ国の高齢者を対象とした「第4回国際比較調査」では,「地域でのボランティア活動にどの程度参加しているか」について60歳以上の高齢者に聞いている.それによると,「いつも参加している」人の割合は日本では13.0%であり,アメリカ(16.4%)に比べるとやや低いものの,他の国(タイ,韓国,ドイツ)より高い.日本における高齢者のボランティア活動への参加は,国際的にみても高い水準にあるといえる.

高齢者はボランティア活動などの社会参加活動の主体的な資源であり,同時に家庭や職場,地域社会において間接的,直接的に福祉的貢献をしている現実はいうまでもない.

第3にあげられるのはシルバー市場の形成である.高齢者の増加は,高齢者の生活にとって必要度の高い消費財やサービスの需要を増大させる.これらの財・サービスを供給する産業は,健康・医療関連産業,介護産業,余暇関連産業として発達する.最近では老人福祉サービス,介護サービスを中心にした「シルバーサービス」というコンセプトが一般化しつつある.シルバーサービスの具体的分野としては,住宅関連サービス,介護関連サービス,福祉機器関連サービスなどがあげられる.

これらの波及効果はミクロでみれば高齢者の生活の質を高め,マクロでみれば新規産業,内需拡大によるGDPの押し上げや,新規雇用創出などの経済的メリットをもたらす.

高齢者の割合の増加による正の側面としては資産の再配分があげられる.高齢社会において経済的社会負担が,1965年に12.2人で1人を支える構造から2025年には2.3人で1人を支える構造に変化するのは前述した.しかし,資源の再配分が行われる相続についていえば,1人の財産を12.2人で相続する構造から1人の財産を2.3人で相続する構造に変化するといえる.「平成6年全国消費実態」(総務庁)によると,世帯主の年齢が60歳代,70歳以上の貯蓄はともに2154万円(負債はそれぞれ264万円,226万円)でかなりの金融資産をもっている.不動産については,「高齢者の経済

表5 高齢化社会の負の側面，正の側面

	平均寿命の伸張	絶対数の増加	相対数の増加
負の側面	・介護期間の伸張 ・社会的喪失感の増大	・老人医療施設，老人ホーム，ヘルパーの不足 ・老人福祉ニーズの増加	・高齢者扶養の社会的負担の増大
正の側面	・長寿社会の実現 ・サクセスフル・エイジング	・交流，活動機会の増加 ・社会的資源の増加 ・シルバー市場の形成	・資産の再配分の増大 ・老親による援助

生活に関する意識調査」（総務庁，平成7年実施）によると，住宅を所持している人は78.0%，店舗が8.3%，賃貸用の不動産が6.0%，農地・山林が30.1%，その他の不動産が6.6%，不動産をもっていない人は15.6%であった．貯蓄と持ち家率は増加傾向にあるので，資源の再配分は今後増加していくと考えられる．

わが国ではよく，高齢者はお金をもっているといわれる．「国民生活実態調査（1996年）」によると，全世帯の年間平均所得は661.2万円であり，高齢者世帯の年間平均所得は339.8万円と全体の平均と比べ低いものとなっている．しかしながら，家のローン，教育費，貯蓄，保険等の必要性がないことを考えると一律には比較できない．むしろこれからは老親からの資金援助も増加していくことが予測される．

表5は本章で述べられた高齢社会の負の側面，正の側面を高齢化の三つの要因別に表にしたものである．

まとめ

本論では高齢社会の要因を三つに分けて，その社会状況の変動について述べてきた．これら3つのパラメーター，平均寿命，絶対数の増加，相対数の増加は，将来予測可能のパラメーターである．平均寿命の伸張の将来予測は表6に示した通りである．今後，平均寿命は若干伸びると予測される．2050年までに2000年時点で比較

表6　仮定された平均寿命（出生時の平均余命）の推移

年次	男	女	男女差	年次	男	女	男女差
平成12（2000）	77.64	84.62	6.98				
13（2001）	78.08	85.18	7.10	平成38（2026）	79.82	87.60	7.78
14（2002）	77.76	84.73	6.97	39（2027）	79.88	87.69	7.81
15（2003）	77.88	84.89	7.01	40（2028）	79.94	87.77	7.83
16（2004）	77.99	85.05	7.06	41（2029）	80.00	87.85	7.85
17（2005）	78.11	85.20	7.10	42（2030）	80.06	87.93	7.88
18（2006）	78.21	85.35	7.14	43（2031）	80.11	88.01	7.90
19（2007）	78.32	85.50	7.18	44（2032）	80.16	88.09	7.93
20（2008）	78.42	85.64	7.21	45（2033）	80.21	88.16	7.95
21（2009）	78.52	85.77	7.25	46（2034）	80.27	88.24	7.97
22（2010）	78.62	85.90	7.29	47（2035）	80.32	88.31	7.99
23（2011）	78.71	86.03	7.32	48（2036）	80.36	88.38	8.01
24（2012）	78.80	86.16	7.36	49（2037）	80.41	88.44	8.03
25（2013）	78.89	86.28	7.39	50（2038）	80.46	88.51	8.05
26（2014）	78.97	86.40	7.43	51（2039）	80.50	88.58	8.07
27（2015）	79.05	86.51	7.46	52（2040）	80.55	88.64	8.09
28（2016）	79.13	86.63	7.49	53（2041）	80.59	88.70	8.11
29（2017）	79.21	86.73	7.52	54（2042）	80.63	88.77	8.13
30（2018）	79.29	86.84	7.56	55（2043）	80.68	88.83	8.15
31（2019）	79.36	86.95	7.59	56（2044）	80.72	88.88	8.17
32（2020）	79.43	87.05	7.61	57（2045）	80.76	88.94	8.19
33（2021）	79.50	87.15	7.64	58（2046）	80.80	89.00	8.20
34（2022）	79.57	87.24	7.67	59（2047）	80.83	89.05	8.22
35（2023）	79.64	87.34	7.70	60（2048）	80.87	89.11	8.24
36（2024）	79.70	87.43	7.73	61（2049）	80.91	89.16	8.25
37（2025）	79.76	87.52	7.75	62（2050）	80.95	89.22	8.27

平成12（2000）年は実績値である．
資料：国立社会保障・人口問題研究所「日本の将来推計人口（平成14年1月推計）」

して，男性では3年，女性では5年ほど平均寿命が伸びると予測されている．図6は老年人口の絶対数の将来推計を表わしたものである．中位推計でみると老年人口は2020年にピークを迎える．1995年から2020までの期間の年平均の増加率は2.3%となる．割合の増加については図7に示した通り，2050年にピークを迎える．高齢化率は32.3%と推計され，今後，約50年は高齢者の割合が増加しつづける．日本における全体人口の減少は2007年の127782（千人）をピークにして2008年から始まるが，この人口減少が21世紀初めの人口高齢化に加速をかけることになる．

　いわゆる高齢社会の問題は，絶対数の増加によるものは今後20年は続き，相対数の増加によるものは50年は続き，平均寿命の伸張によるものは現在の課題が将来にわたって持続するといえる．

　このような現実を前にして高齢社会は是か非かという議論はもは

図6　老年人口の推計値

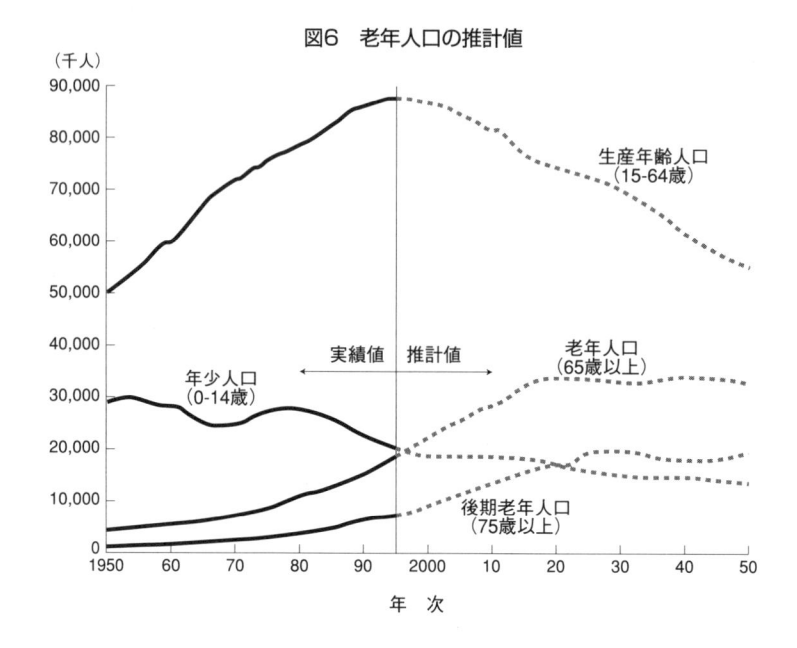

（千人）

実績値｜推計値

生産年齢人口
（15-64歳）

年少人口
（0-14歳）

老年人口
（65歳以上）

後期老年人口
（75歳以上）

年　次

図7　高齢化率の推計値

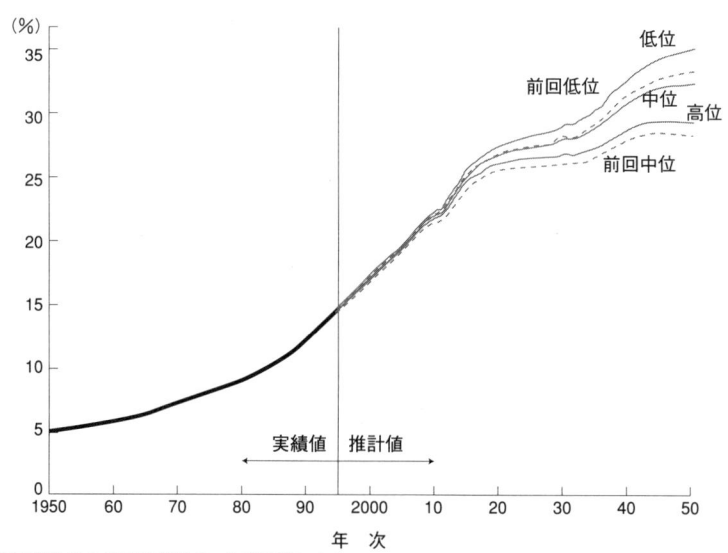

（％）

低位
前回低位
中位
高位
前回中位

実績値｜推計値

年　次

注：前回推計値の2026年以降は、参考推計による

や不毛であり，また高齢社会の負の側面のみを強調し，100歳まで生きることのできる天賦を与えられた人間が，その近くまで生きることができるようになった社会，つまり人類が長寿になったことを諸悪の根元のように考えるのはまったくナンセンスなことである．高齢社会を受け入れ，どのように対応していくかを考えるにあたっては客観的で冷静な認識が重要なのはいうまでもない．

このような視点にもとづき，本論では高齢社会の到来による負の側面を述べるとともに，正の側面についても述べてきた．社会的現象には多面的な見方が存在し，高齢社会についても同様なことがいえる．日本における現在の風潮である，負の側面のみが強調されすぎている状況は非常に偏った見方であるといえる．

そして，このような偏った風潮は，高齢者が「自分は社会の負担になっている」「早く死にたい」という考えをもつ社会を助長している．高齢化という社会変動によりもたらされるものは，正・負一体となり双方の側面がもたらされ，また高齢社会に正，負両方の側面がある以上，高齢者が社会を不幸にするという考えは高齢社会のネガティブな側面だけをとらえた見方であるといえる．高齢社会の到来が問題なのではなく，高齢社会の負の側面のみが強調されすぎるのがまさしく問題なのである．

本論であげられた負の側面，正の側面は，当然それらの側面の一部分でしかない．高齢者の増加とともに高齢者のライフスタイルも多様化している今日，ほかに考えられる高齢社会の正と負の側面は人生の数だけあるといっても過言ではないだろう．われわれはポジティブ，ネガティブな側面に偏ることなく，さらに高齢社会の諸相について考え，対処していくことが求められている．

<参考文献>
岡崎陽一，1979,「人口高齢化のデモグラフィ」南亮三郎・上田正夫編『日本の人口高齢化』千倉書房．
川口弘・川上則道，1989,『高齢化社会は本当に危機か』あけび書房．
Riley, M. W., 1985, "Age Strata in Social System," Handbook of Aging and the Social Sciences, 374.

嵯峨座晴夫, 1997, 『人口高齢化と高齢者』大蔵省印刷局.
―――, 1993, 『エイジングの人間科学』学文社.
―――, 1999, 「老いの神話, いま打破へ：国際高齢者年と日本の高齢社会対策」『世界と日本』内外ニュース社 904.

第4章

子どもの生活
―― 子どもイメージを疑ってみよう！

山下夏実

はじめに
1.「子ども」って何歳から何歳まで？
2.「生活」って何？
3. どうやって「おとな」になるの？
おわりに：「子どもの生活」から何が見えてくるの？

はじめに

　いま，これを読んでいるあなたは，どんな子ども時代をすごしただろうか？　子ども時代にどんな思い出があるだろうか？　友だちとの愉快な思い出が多いひともいれば，家のなかでひとりすごした記憶ばかりのひともいるだろう．幼い日に泣き虫だったひともいれば，手のつけられないやんちゃで，周りのおとなたちに怒られてばかりいたひともいるかもしれない．人それぞれ異なる，多様な子ども時代をすごしたことだろう．

　おとなになった現在でも，周囲の人びとを見渡せば，境遇，性格，日常のすごし方などは人それぞれさまざまで，その人たちの生活を「ひとこと」で語りつくせるものではないことに気づく．子どもの生活もしかりである．

　しかし，わたしたちが「おとな」の対概念として「子ども」を語るときには，なぜか均一な子ども集団として，それをとらえてしまっているのではないだろうか．たとえば，あなたはこんな言い方を耳にしたことがあるかもしれない．「子どもってさぁ，思ったよりしたたかだよね」や，「子どもをなめるとこわい」など．これらのことばは，子どもは「したたかではない存在」「普段なめられてしまいがちな存在」ということの裏返しといえなくもない．

　このように，わたしたちは普段なにげなく「子ども」ということばを使っているが，それを使うたびに，その場その場で「子ども」イメージについて議論することはないだろう．それは，「何となくこんな感じのイメージ」といえるような，漠然とした，かつ共通の「子ども」イメージと思われるものを抱いているからだといえるのではないだろうか．

　しかし，じつは「子ども」イメージは，国や時代，場面などによって多種多様なのである．ここでは，わたしたちがいかに固定的な「子ども」イメージを抱いているかを自覚し，それを相対化してゆ

きたいと思う．そして，その固定的な「子ども」イメージが，どのように「教育スタイル」と関連しているかを考えてゆきたいと思う．

いま，「教育スタイル」と聞いて，もしあなたが「何それ？ 学校で勉強を教わるときの方法？」というふうに考えているとしたら，それは大きな勘ちがい．つづく各節のなかで，その勘ちがいの元をさぐってゆくことにしよう．そしてそれをさぐる過程のなかで，もっと豊かな教育の場を創造できる心の準備が，あなたの心に，ととのうかもしれない．

1.「子ども」って何歳から何歳まで？

1.1. 場面・時代で異なる「子ども」イメージ

最初に，「子ども」イメージを考える手がかりとして，「子ども」ということばが示す具体的な年齢を考えてみよう．あなたは何歳から何歳までを「子ども」と思うだろうか？ たとえば電車やバスに乗るときには，小学生以下が子ども料金である．「おとな」たちから義務教育を与えられるのは，中学生まで．その意味では中学生は通常，社会人として働けないわけだから，「子ども」といえるかもしれない．犯罪をおかしても14歳以下であれば法的に守られ，犯罪は未成立となる．刑務所へ行かねばならない「おとな」とは違うという意味で，まだ「子ども」扱いされているとも考えられるだろう．成人式も現在では20歳で実施されるが，かつての武家社会であれば15歳前後には元服の儀式があり，おとなの仲間いりをしていた．

また，江戸時代の日本では「7歳までは神のうち」といわれ，7歳以下は人間とみなされず，堕胎や間引きが抵抗なくおこなわれていたといわれている．とすると，7歳を過ぎてからようやく「子ども」と認められることになる．けれども現在の日本では，乳幼児も「子ども」に含めて考えられることが多いのではないだろうか．

こう考えると「子どもは何歳から何歳までか」という問いに答え

ることは，なかなか容易ではないことがわかるだろう．それは，「電車に乗る・教育を受ける・法的に扱う」など，それぞれの場面によって異なった回答が出てくるはずだし，また，時代設定によっても変化してくるからなのである．でもわたしたちが一般的に「子ども」を語るときには，そのような細かい設定を考慮して語るわけではないように思われる．では，そのような場面設定を度外視した一般的な「子ども」イメージがどう語られているのかをみてみよう．その後で，またこの「何歳から何歳までが子どもか」という疑問に立ち返りたいと思う．

1.2. 映画にみられる「子ども」イメージ

　まずは，映画のなかで表現される「子ども」の姿をたんねんに追っているハンソンの研究のなかから，ふたつの映画についての記述を引用することにしよう．ひとつめは『レオン』(Leon, France/USA, 1994 ; dir. Luc Besson)．ジャン・レノ扮する殺し屋と，ナタリー・ポートマン演じる12歳の少女マチルダとの交流を描いた映画である．このマチルダは，鉄砲を持って人殺しに行くという暴力的な側面も，成人した女性のような性質も持ち合わせている．この映画をみたひとは，「これが子どもなの？」と，ぎょっとしたかもしれない．しかし，少女マチルダは「自分の内なる子どもは死んだ」ということを示唆するセリフを述べていることに注目してみれば，一般の子どもイメージはその逆，つまり「暴力的でなく，性的でない」ということになる．

　もうひとつは『スタンド・バイ・ミー』(Stand by Me, USA, 1986 ; dir. Rob Reiner)．この映画は，12歳の少年4人が死体を発見するために20マイルの道のりを冒険し，それによって成長してゆく姿を描いている．ここではアメリカの少年が成人の男になるために獲得すべきこと——つまり，強く，タフで，スポーツができて，闘争心があることなど——が表現されている．たとえば，この価値観のもとでは，勉強ができるよりも勇敢であることが賞賛されるのである．この「少年が獲得すべきもの」としての強さやタフさなどは，裏を返せば，子どもにはもともとないものと考えられてい

ることがみてとれる．つまり，子どもは「弱く，タフでない」存在としてとらえられているという解釈も，できなくもないのである．

　このふたつの映画で描かれた子どもの姿は，一見，まったく異なったもののようにみえるかもしれない．しかし，その根底に流れる「子ども」イメージは似たようなものがあると考えられるのではないだろうか．これ以外にもさまざまな映画のなかに多様な「子ども」の姿が表現されているが，それらを分析してまとめたハンソンによれば，つぎの3点が浮かび上がってくるという．(1)すべての映画は「子どもは本質的に純真無垢である」と表現している．(2)この純真さの喪失は，子どもの成長と直接関連し，痛みをともなう過渡期としての成人への移行とも関連している．(3)かつて子ども時代に持っていた純真さは，成人への移行によって，罪を犯し腐敗したものになってしまう．つまり，子どもはおとなとの関連でとらえられている (Hanson, 2000)．すべての映画のなかにみられる「子ども」イメージを，これだけにまとめてしまうのはすこし乱暴な印象も受けるが，欧米の映画に限っていえば，こういう傾向があるといえなくもないだろう．

　このような映画のなかで表現される「子ども」イメージは，映画製作者が勝手に作ったものにすぎないというひともいるかもしれない．しかし製作者が持つイメージは，その時代のその文化において暗黙のうちに了解されているイメージを反映していると考えることもできるのではないだろうか．

1.3. 歴史的にみた「子ども」イメージの変容

　この現代の欧米などにおける「子ども」イメージが，時代を遡るとまったく異なったものであったことを研究したのが，フィリップ・アリエスである．アリエスはその著書『<子供>の誕生』のなかで，ヨーロッパでは中世から18世紀にいたるまで，子どもが「子ども」扱いされていなかった時期があったことを読み解いてゆく．子どもは初め，「小さなおとな」としておとなの世界に所属していたといわれている．当時の絵画をみると，子どもの姿がまるでおとなのミニチュア版のように同じ頭身で描かれていることからも，それをう

かがい知ることができるだろう．ところが子どもを守るべきものと考える特別な配慮が，おとなの世界と子どもの世界を隔離してゆく．そのきっかけは，学校教育であった．それまでは徒弟修業をしておとなの世界へ直接入り込んでいた年少の人間たちは，学校という教育の場に隔離され，直接おとなの世界へ入り込めなくなったのである．つまりこれが「子ども」の誕生した時期なのである（アリエス，1980）．

このような現象は，日本でもみられた．いまではごく当然のように使い分けている「少年」と「青年」ということば．ところが明治初期までは，これらはみな同じ「幼年」という広い概念のなかで，ひとくくりにされていたのである．明治の半ばすぎから，この混沌とした広義の「幼年」のなかから，年長である「青年」が切り離され，年少である「幼年」が切り離され，女の子である「少女」が切り離され，残ったのが「少年」というわけなのである．たとえば「青年」は，明治20年代に学生たちが学業外の時間を非政治的に利用すべきだという政治的意図のもとにつくられていった概念で，政治的活動をする「壮士」と，非政治的かつ受動的な「少年」との間にある時期，すなわち非政治的ではあるが何らかの実践を主体的にいとなむ存在として，「青年」が誕生してきたのである（木村，1998）．ここで扱った「幼年・少年・少女・青年」はすべて「おとな」になる手前の，ある意味で「子ども」時代といえなくもない時期だが，やはり初めから存在したわけではなく，歴史的なプロセスを経てつくられてきたものなのだということがみてとれるだろう．

ここで，話を戻すことにしよう．子どもは何歳から何歳まで？という問いの答えは，どうなるだろうか．じつは，正解は存在しない．「子ども」イメージがこれだけ多岐にわたることを考えたら，この「何歳から何歳まで？」という問い自体がナンセンスだということが，すぐにわかることだろう．「子ども」イメージとは，ありふれたもののようにみえるが，曖昧であやういものだといえるかもしれない．

2.「生活」って何？

2.1. じつは多様な「生活」イメージ

「子ども」ということばがありふれているのと同様に,「生活」ということばもたいへん親しみのあることばではある．しかし,「生活」ということばがとらえるものごとの範囲を考えるとなると, これまたやっかいなものなのである.

よく社会調査でおこなわれる「生活実態調査」では, 所得・消費・住宅・健康・生活時間といった項目から生活をみてゆく．また,「生活構造 (life structure)」という社会学的概念では,「生活」を, 物質的側面 (消費生活など) と, 外面的形態 (生活時間・空間) と, 社会関係的側面 (集団参加など) から分析してゆく．しかし, こうしたとらえ方では客観的な事実ばかりが並び, 個人の主観的な「生活」イメージがつかみにくいことも事実である.

この主観的な「生活」イメージを理解するために用いられるのが「生活記録 (life document)」と呼ばれる資料である．これは, 自伝・日記・手紙・写真・記録映画・口述記録などの個人的な経験の記録のことを指している．これらを分析し, 社会的な背景とかかわらせて克明に記述していったものを「生活史 (life history)」といい, そうした手法を「生活史法 (life history method)」という. この手法のすぐれている点としては, (1) これまであまり研究されていなかった領域に, どんな論点や問題点が含まれるかを探るのに適している, (2) ほかの客観主義的な調査研究では見落とされがちな内省的な諸要素を, 主観主義的な見方で補足できる, (3) 難解な社会学理論に, 例証を与えてわかりやすくする, などがあげられる. ただし, 調査協力者のプライバシーの問題など, 注意すべき点も多い手法である (プラマー, 1991).

この生活記録研究の源流となったのが, トマスとズナニエツキの『ヨーロッパとアメリカにおけるポーランド農民』である．彼らは,

アメリカに移民したポーランド農民の母国との往復書簡や日記などをみてゆくなかで，移民たちの同化プロセスのなかに四つの願望類型（安全を求める願望・感情的反応を求める願望・社会的認知を求める願望・新しい経験を求める願望）があることなどを理論的に浮かび上がらせている（トマス・ズナニエツキ，1983）．このように，混沌としてみえる「生活」のなかから理論を編み出してゆくことも，この手法の醍醐味といえるかもしれない．

2.2.「生活学」という方法

また，民俗学と考現学の流れをうけて，「生活」をユニークな視点からみていこうとする「生活学」が，1970年代から組織的に研究されはじめる．民族学（ethnology）が多数の民族の文化を比較研究する学問であるのにくらべ，民俗学（folklore）は，ひとつの種族／民族の文化を研究する学問で，日本では柳田國男によって1910年ごろから確立されてきた．柳田は日本における民話や儀礼，庶民の伝統的な衣食住など，さまざまな資料を集め，膨大な著作を残している．「庶民」の生活にも着目し，なおかつこれだけ系統だった研究は，それまでのほかの学問領域ではみられなかったといわれている．この柳田の弟子であった今和次郎が，移りゆく都市生活の変化を記録しようとはじめたのが考現学である．考古学が，「古」すなわち過去のモノを分析し，その時代の生活を探究するのに対して，考現学は「現」すなわち現在のモノや生活をみてゆこうというものである．

さて，このふたつの学問から誕生した「生活学」における「生活」ということばは，政治，経済，学問，芸術などといった人間のあらゆる社会活動を示すだけでなく，その社会独自の生活様式や慣習をも含むものとしてとらえられている．さらに，社会変動によって，その生活様式が大きく変化してゆくことも，研究の射程にいれているのである．

たとえば日本においては，1956（昭和31）年に国民総生産が戦前の最高水準まで戻ったことから，経済企画庁が「もはや戦後ではない」と宣言したが，そのころから人びとの「生活様式」も大幅に

変化してきた．電気洗濯機・冷蔵庫・掃除機などといった家電製品が家庭のなかに流入し，家庭婦人の余暇を増やし，女性の社会進出が促されたという説もある．また，「生活」は「消費」であると思い込まれ，消費の拡大へとつながったという説もあるが，それはつまり，ひたすら「生産・消費」するという「生活様式」のサイクルが成立したともいえるだろう．こうして，生活革新とも呼べるような大変化がもたらされたといわれているが，こうなると，ひとりひとりの「生活者」は，社会の大きな経済的サイクルのなかに組み込まれてゆくことになる．だから，公害問題や都市問題，国際社会の動きなどに，「生活者」個々人が大きく影響を受けることになり，「生活」ということばの指し示す範囲がとても大きいものになってきたともいえるだろう．「生活学」は，こうした広い視野にたって学際的に「生活」をとらえてゆこうとするこころみなのである（川添，1999）．

　もうひとつ「生活学」に特徴的なのは，あくまで生活者のための学問であり，研究者は「研究者」の仮面をはずして，「生活者」に戻る必要があるという点である．この視点は，「生活学」の先駆となった考現学の今和次郎や，民俗学の柳田國男が研究する際にもっていた視点であるといってもいいかもしれない．この「研究者」の仮面をはずすということは，簡単なようにみえて，案外難しい．ひとつの学問を体得すると，それがどんなものでも測れる「万能のものさし」であるかのように思い込んでしまうことがある．でも「生活者」の側に立ってみれば，生活にはさまざまな側面があって，ひとつのものさしでは決して測りきることのできないものだということがわかるだろう．だから，より総合的に・多角的に「生活」をとらえるためには，いくつもの方法（ものさし）を使って測定していく必要があるといえるだろう．

2.3.「子どもの生活」をみる出発点

　さてここで，さきに扱った「子ども」と，ここでの議論を結びつけて，「子どもの生活」をみてみることにしよう．「生活実態調査」を参考に，日本の子どもたちの生活をみてみると，「お小遣い・家

族・子ども部屋・学校・教師・習い事と塾・テレビ・友人・遊び道具やゲーム機器・少年スポーツ団・子ども向け商品……」などがキーワードとして浮かんでくることと思う．さらに「生活者」としての「子ども」という視点で考えると，子どもの「生活様式」のひとつとしてくっきり浮かび上がってくるのは，「教育される・与えられる」という子どもたちの姿ではないだろうか．お小遣いや子ども部屋，子ども向け商品をおとなから与えられる子どもたち．そして学校や塾，習い事で教育され，家庭でもしつけなどを教育される子どもたち．この「教育される・与えられる」という行為は，教育システムや経済システム，そして社会全体と深くかかわっている．

そこで，複雑な「子どもの生活」を考える出発点として，次節では「教育」に焦点を絞って，話を進めてゆくことにしよう．ちなみにこの「教育」ということばを聞くと，多くの日本人は「学校教育」だけを想像する．筆者自身もそう思い込んでいた．だが，かつてドイツに行ったときに「教育について研究している」と述べたら，「それは学校教育？　それとも家庭教育？」と，すかさず聞き返されて驚いた．日本では「しつけ」と呼ばれる部分も，欧米などでは「教育」に含まれているのである．ここでは，「教育」ということばを，学校教育だけでなく，家庭や地域社会でのしつけなども含む幅広い意味をもつことばとしてとらえて，論じてゆきたいと思う．

3．どうやって「おとな」になるの？

3.1．「社会化」と「文化化」

「子ども」が「教育」されている場を想像してみてほしい．学校で授業を受けている姿を思い浮かべるひともいれば，親からお説教をされている姿を考えたひともいることだろう．このとき，目に見えるのは，教育する「教師・親」の姿であり，教育される「子ども」の姿だけである．外見上は，あるおとなからある子どもへ――個人から個人へと伝達されるものなのだが，しかし教育とは，教育する

人間・される人間が所属する社会や文化を支えている，目に見えない規範にのっとったかたちでおこなわれるものなのである．だから「教育される」という行為は，その社会に適合するように成長を促すという意味では，「社会化 (socialization)」ということができる．また，ある文化圏で生き抜いてゆくための基本的な生活様式を吸収してゆくという意味では，「文化化 (enculturation)」ということもできるだろう．つまり教育とは，端的にいえば，その社会や文化のなかで理想的な「おとな」になってゆくプロセスに深くかかわる行為であるということができるのである．ここでは，「社会化」と「文化化」という幅広い概念の一部分に含まれる行為として「教育」をみてゆくことにしよう．

3.2.「学校教育」にみられる「再生産」

まずは，「教育」がおこなわれるであろうさまざまな場面のなかから，「学校」にかかわる研究を紹介したいと思う．1960年代のフランスで，大学生を対象に言語能力調査がおこなわれた．この結果をまとめたブルデューとパスロンは，出身階級によって言語能力に有利・不利があることを見出す．学校の試験でよい点をとるために必要な，洗練されたことばや抽象的なことばは，上流階級の学生にとっては，生まれながらの社会環境のなかで習得してきたものである一方で，民衆階級の学生にとっては，いままで周囲の人びとと用いてきたことばとは相当隔たりのあることばだったのである．とすると，上流階級出身の学生であれば，大学進学時に選別される際に，自然に習得した言語能力を元手として利用しうるといえるだろう．このような，元手となって有利に働くようなもののことを「文化資本 (cultural capital)」という．学校教育においては，支配階級による文化的価値観の押し付けがあるため，支配（上流）階級の子たちに与えられた「文化資本」が，有利に働くことになる．つまり支配階級の子どもたちは，高い学歴を得やすいし，社会的地位も得やすく，将来的には支配階級になりやすい．このような循環を「再生産 (reproduction)」と呼ぶ（ブルデュー・パスロン，1991）．

こうした「再生産」の図式は，じつは現代の日本にも同様にみら

れるという．佐藤俊樹はその著書『不平等社会日本　さよなら総中流』のなかで，戦後の高度成長によって国民の7割が「中流」意識を持つようになり，「努力すればナントカなる」と考えるようになっている意識と現実とのズレを指摘している．1995（平成7）年の「社会階層と社会移動全国調査（略称SSM調査）」によれば，実績をあげた人ほど多くを得るのが望ましいと考える「実績主義」と，努力した人ほど多くを得るのが望ましいと考える「努力主義」を比較したところ，「実績主義」のひとは高い学歴のひとが多く，またその学歴を活かすような職業につき，収入もあり，さらにその父親の学歴も高い．また一方で，本人とその親の学歴が低いほど「努力主義」，というデータもあることから，学歴がなかったり収入が低かったりする人たちも，疑念を抱きつつ「努力すればナントカなる」と自分にいいきかせて，学校や会社の「選抜レース」に参加し，さらに自分の子どもも参加させている，という現状がみえてくるだろう．しかしいくら「ナントカなる」といいきかせても，実際，学歴は相続される傾向にあるという．つまり「現実は実績主義，理想は努力主義」という二重構造が，学歴の「再生産」の構造を見えにくくしているともいえるだろう（佐藤, 2000）．

　本来であれば，このような「再生産」がおこなわれている現在の学校教育は，所詮，多々ある教育の場面のひとつにすぎないので，それほど深刻に考える必要はなかっただろう．たとえば江戸時代であれば，農民の子は農業の世界において，大工の子は大工職人の世界において教育され，一人前になってゆくという「社会化」のプロセスがあったと考えられる．また，その地域社会の担い手として，地域のしきたりなどを教育されてゆくという場面もあったかもしれない．しかし現在の日本では，こういったさまざまな教育場面のなかで学校教育の比重が重すぎて，「学校」という場での優劣や評価があたかもすべてであるかのような錯覚をおぼえてしまいがちである．さらに，そのスタートラインはみんな同じ「中流」で，みんなと同じ学校教育システムのなかで，平等に競争しているという錯覚にもおちいってしまう傾向にあるのではないだろうか．だから，「同じ」なのに競争に負けたという過度な敗北感を感じたり，「同じ」

だからこそ競争に参加せねばならないと考えたりしてしまうことなどが，現在の人びとがかかえるつらさであるといえるのかもしれない．

　明治維新以降，士農工商が廃止され，四民平等の名のもとに，すべての子女が通えるような均一な学校教育システムがしかれ，やがてそれが義務教育となってゆく．農家に生まれたけれども立身出世をこころざしたような人たちは，とても自由で平等主義的な教育システムが誕生したと喜んだかもしれない．もちろんそういう利点はあるが，だがその一方で，均一な教育システムのなかからドロップアウトした人たちにとっては，とても生きにくい社会になってしまっているということも事実なのではないだろうか．

　また，こうした日本の学校教育は，現代の日本というひとつの文化圏における文化化にすぎないともいえるだろう．ほかの文化圏に行けば，日本の学校教育において優等生であったとしても，まったくその能力が通用しないことだってあるのだ．

3.3. 他の文化圏での「教育」

　カナダの北西部に生活している「ヘヤー・インディアン」という狩猟採集民とともに暮らして調査した原ひろ子によれば，ヘヤーの子どもたちは，日本や西洋の子どもたちとはまったく異なった学び方をするという．ヘヤーの子どもたちは「教わる」のではなく，ものごとを「よく観る」ことをとおして「自分で覚える」のである．たとえば折紙を習うときに，わたしたちは一折一折まねしながら，ときに折り方を質問しながら習ってゆくのがつねなのではないだろうか．ところがヘヤーの子どもたちは，折るところをひたすら観たあと，自分だけで折ってゆく．この違いを，原の分析を借りて説明すれば次のようになる．西洋の子どもたちは，子どもと教える人との交流のなかで折紙を覚える．だからしばらくしてその子どもに再会すると，折紙は忘れていても教えてくれた人を覚えていたりするのである．一方，ヘヤーの子どもたちは，紙と子どもの間に強い交流が存在し，紙と教える人との間にある交流（折紙を折る行為）を自分で再現しているのである．

この独特の学習スタイルは，ヘヤー・インディアンの生活様式のなかで，「よく観て」「自分で覚える」能力が重要なものとされていることを反映しているといわれている．逆に西洋の生活様式では，「順序だてて能率よく覚えること」を重要な能力とみているということになる．だから，白人がヘヤーの子どもを教えようとしたときに，教えにくいといわれているが，ヘヤーの子どもたちには「教わる」という意識がないため，「教えよう」としてくる教師とうまく噛み合わない状態になるのだという（原，1979）．
　では逆に，日本の子どもたちがヘヤー・インディアンと一緒に暮らしたらどうなるだろうか．教師の言うことをよく聞いてきた児童たちは，ヘヤーのおとなたちが何の指示もしてくれないことに困惑するかもしれない．日本の子どもたちは「よく観て」「自分で覚える」というヘヤーの学習スタイルを吸収していない，つまりヘヤー文化圏の「文化化」をまったく受けていないために，こういった齟齬が起きると考えられるのである．
　ヘヤーの子どもについて，もうひとつのエピソードを紹介しよう．ヘヤーの子どもは4歳でも斧を振り上げて丸太割りをするという．ヘヤーのおとなたちは，ナイフや斧が危ないものだと教えるよりも，早く子どもたちが刃物を使いこなせるようになることを重視するので，子どもがナイフいじりをしていても，じっと見守るのである．では日本で幼稚園児が斧を振り上げていたら，どうだろうか．きっと傍にいるおとなが，慌てて止めさせることだろう．それは，日本では，子どもが刃物をいじる＝危険と思い込んでいるおとなが多いからなのである．仮に，では子どもに斧を使わせようという話になったら，手取り足取り教え込むことだろう．ヘヤーのおとなのように，じっと見守るというわけにはいかない理由は，日本では，子どもたちが教わってもいないことをやってのける能力がある，ということに気づきにくいからなのかもしれない．子どもたちは教わって学んでいく存在である，と思い込んでしまうような教育スタイルが，わたしたちの「子ども」イメージを固定してしまっているともいえるだろう．

3.4.「教育スタイル」がもつ「枠組み」の「範囲」

　こうしてみると,「教育」というものもまた, 文化や社会の違いによって多種多様で, 絶対的ではない, ということがよくわかる. ヘヤー・インディアンにおける教育スタイルは, 世界に多々ある教育スタイルのなかのひとつにすぎないのであるのと同様に, 日本における教育スタイルも, 数多くある教育スタイルのなかのひとつにすぎないのである. だが, ある社会や文化圏のなかでは, ある一定の教育スタイルが必要なものとして重要視されていることも事実なのである. 日本では日本式の, ヘヤーの文化圏ではヘヤー式の教育スタイルが有効だし, 重要視されるのは当然のことなのである. もちろん, それを否定することはできない. だが一度その文化圏の外をながめてみると, そのスタイルがひとつの枠組みをつくっていて, 子どもたちをその枠組みの内側で教育しようとしていたことに気づかされるに違いない.

　たとえば, ヘヤーの子どもたちが斧をうまく使いこなせることを知ったときに, わたしたちは, 子どもの限界を勝手に設定してしまっていたことに気づかされるのではないだろうか. つまり, 日本文化圏で文化化され, 日本的な学習スタイルを習得してしまったおとなたちは, 同じようなスタイルで子どもたちを教育してゆく. そのような教育スタイルのなかで, 子どものあるべき姿を勝手に思い込み, ある一定の「子ども」イメージをつくり上げてしまっているのではないだろうか. その逆もしかりである. ヘヤーのおとなたちは, 日本の子どもたちが「教わる」ことによってすばやく文字などを学習してゆく姿をみたときに, このような子どもの姿がありえたのだと驚くかもしれない.

　異なる社会や文化圏の「教育」の姿を眺めることで, 自分の社会や文化圏のもつ教育スタイルの枠組みの範囲を知ることができる. この「範囲」は, その枠組みのなかに入り込んでいる自身では, なかなか見えてこないものなのである. この「範囲」がわかると, 自分の社会や文化圏のもつ枠組みが, 絶対的なものではないことに気づく. また, その枠組みの外に出てゆける可能性にも気づくので, 枠組みに縛られて苦しい思いをする必要もなくなるかもしれない.

そうすれば，もっと楽な気持ちで「教育」の場をつくり出せるようになるのではないだろうか．

学歴の「再生産」についても同様のことがいえるだろう．日本社会に適合するためには，学校や会社の「選抜レース」に参加し，勝ち抜いてゆかねばならないと思い込むなかで社会化されていったおとなたちは，自分の子どもたちを「選抜レース」に投げ込んでゆく．あるいは子ども自ら飛び込んでゆくようにさせる．けれども，その「選抜レース」は，あるひとつの社会の，ある一部の階級の価値観を基準とした選抜にすぎないのである．江戸時代であれば，職人には職人の，漁師には漁師の，武家には武家の社会化プロセスがあったわけだが，じつは現代の社会のなかにも，さまざまな社会化の道すじがあるのである．偏差値の高い学校に行くだけが道すじではない．しかし，教育スタイルや「子ども」イメージを固定的にしてしまうことによって，その社会化の多様性が見えにくくなっているのではないだろうか．その多様性に気づくことによって，わたしたちは「再生産」構造のもつ「範囲」を知り，その構造に縛られずに「教育」をとらえることができるようになるかもしれない．

おわりに：「子どもの生活」から何が見えてくるの？

子どもの生活というものを，「生活学」が提唱するような，社会全体や国際社会とのつながりをもつ幅広いものとしてとらえてみるとする．と同時に，生活者自身の視点に立って再考してみるとする．するとどのようなことが見えてくるだろうか．

もういちど自分自身が子どもだったころを思い返してみよう．いろいろな思い出をたどり，子どもながらに，どれほど創意工夫をこらし，さまざまな困難に立ち向かい，克服していったかを思い出してみてほしい．そう，案外，日本の子どもだって，強いのだ．習うばかりでなく，いろいろなアイディアを生み出すし，時には誰に教わるともなく突拍子もないいたずらをして，おとなたちを驚かせ，

困らせたりもする．しかしその一方で，おとなからの押し付けを完全にははね除けることができない弱い存在でもある．だから，いろいろな価値観のおとなたちと接することが，子どもにとって，どれだけ大きな安心につながることだろうか．たとえば，学校の成績が悪いと父親にしかられて泣いていると，おばあちゃんが優しく「成績なんか悪くても，お前はいい子だよ」となぐさめてくれたりする．このような価値観の多様性が，さまざまなタイプの子どもたちの存在を受け容れて，子どもたちに居場所を与えるのではないだろうか．しかしわたしたちはいつの間にか子どものときに感じた価値観の多様性のありがたさを忘れてきてしまったように思われる．だから，子どもたちを既成の「子ども」イメージでみてしまったりするし，「子どものため」という大義名分のもとに，自分の子どもを学校教育の「選抜レース」のなかへ投げいれてしまおうとするのかもしれない．

　もうおとなになってしまったわたしたちにとって，完全に子どもの視点に立ってものを見ることは，不可能といえるかもしれない．しかし，できるだけ近い視点に立つ努力は決して無意味なことではないだろう．なぜならば「子どもの生活」は，子どもたちだけのものではなく，「おとなの生活」と不可分なものだからである．わたしたちがつい子どもたちに押し付けてしまいがちなイメージや価値観が，絶対的なものではないことを自覚し，相対化してゆくいとなみのなかで，わたしたちは固定的な「教育スタイル」をも子どもたちに押し付けていることに気づくだろう．

　「教育」とは，おとなから子どもへ一方的に押し付けるものなのだろうか？　異文化での「教育スタイル」をみたときに，おとなと子どもが対等な立場にたつ「教育」もありえることに，わたしたちは気づく．そこに気づくことによって，おとなたちは，「教育」を一方的に「与える」だけではなく，場合や場面によっては，もっと楽な気持ちで「教育」の場を創造できるようになれるのではないだろうか．

　そのための第一歩として，教育を与える「おとな」という仮面をすてて，子どもの生活をとらえなおしてみよう．すると，ひとつの

ものさし（学問や方法）ではとらえきれないことに気づくに違いない．ここまで，社会学をはじめとするさまざまな研究方法を引用して「子どもの生活」をとらえようとしてきた．そうすることによって「子どもの生活」の多様性がみえてきたわけだが，それと同時に「おとな」の姿の多様性も浮かび上がってきたのではないだろうか．
　「子どもの生活から見えるもの」は，じつは「おとなの生活」であるといえるのかもしれない．

＜参考文献＞

P. アリエス（杉山光信・杉山恵美子訳），1980，『＜子供＞の誕生：アンシァン・レジーム期の子供と家族生活』みすず書房．
川添登，1999，「生活学とは何か」『生活学事典』，TBSブリタニカ，3-8．
木村直恵，1998，『＜青年＞の誕生：明治期日本における政治的実践の転換』新曜社．
佐藤俊樹，2000，『不平等社会日本：さよなら総中流』中公新書．
W. I. トマス・F. W. ズナニエツキ（桜井厚訳），1983，『生活史の社会学：ヨーロッパとアメリカにおけるポーランド農民』御茶の水書房．
原ひろ子，1979，『子どもの文化人類学』晶文社．
Hanson, S., 2000, "Children in film", Mills, Jean and Mills, Richard, Childhood Studies A Reader in perspectives of childhood, New York：Routledge, 145-159.
K. プラマー（原田勝弘・川合隆男・下田平裕身監訳），1991，『生活記録の社会学：方法としての生活史研究案内』光生館．
P. ブルデュー・J. C. パスロン（宮島喬訳），1991，『再生産』藤原書店．

第5章

夫婦関係とルール
―― 愛情は社会と無関係に成立するのか？

永田夏来

はじめに：「家族」とは何だろう？
1. 変動する社会と多様化する結婚を見る
2. 「しあわせな結婚」とは何か
3. 日常生活に社会学的視点をもち込む
4. 社会変動に影響される夫婦関係
5. 夫婦関係を支えるコミュニケーション
おわりに：ありふれた夫婦から見えるもの

はじめに：「家族」とは何だろう？

あなたにとって「家族」は何ですか？ と問われた場合，どのような答えを思い浮かべるだろうか．「家族」という概念は自明のものとして日常生活のなかに溶け込んでいるものであるので，多くの人は改めて家族について問われると躊躇してしまうのではないだろうか．しかし，当たり前のものとして考えたこともなかったこと，つまり，日常生活において自明視しているものであればあるほど，実は不確定な要素を多くはらんでいて社会的な意味付け影響を強く受けているものである．「人々は家族はこうあるべきだという思いを抱きながら日常生活を送り，生活をしていく中で，家族はこういうものだと納得したり，こんなのは家族じゃないと反発しながら，日常生活の中での家族のリアリティを維持，再構成している」（山田，1992）といわれるように，日常生活で起こるさまざまな出来事を，どのように解釈し，自分なりに納得させるかは社会的に準備された材料に負っている．ほとんど無意識に行われているこうした作業を一度取り出してみて吟味し直すことは，社会学的な思考を身につけていくうえで重要な作業の一つといえるだろう．

家族に限らず日常的で身近な概念について考察する場合，その概念自体が幅広く応用されたかたちで用いられていることに注意しなくてはならない．たとえば「家族とは血の繋がった人のことだ」という前提は一見説得力があるように感じられる．しかし，これでは普段は付き合いのない親戚が家族に入ってしまう一方で，毎日一緒に生活しているペットは家族ではないことになってしまう．これでは困る，と思う人が多いだろう．だが，現在のように人口が流動化する前は生まれた土地で親族に囲まれて生活することが一般的に行われてきたことや，ペットを「家族同様」にかわいがるという習慣が定着してきたのはごく最近のことであることを考えてみてほしい．

社会の変化によって家族という概念は変化する一方，家族＝親族

とする考え方もそれなりに説得力があるという二重構造が存在することがわかるだろう．解釈や説明がどのように行われているのかを通じて，人々にとって家族という概念はどういう意味をもつのか，家族をどう「見て」いるかを考えていくことはこのような有効性があるのである．

1．変動する社会と多様化する結婚を見る

1.1．現代日本における結婚
　未婚化，晩婚化が進む一方で熟年離婚や家庭内離婚がしばしば話題にされる．こうした夫婦関係や結婚の変化は近年注目されている領域であり，夫婦とは何なのだろう？　結婚とは何なのだろう？　という問いが，マスコミなどを通じてしばしば取り上げられている．読者のなかにも同様の疑問をもっている人もいるかもしれない．その一方で，結婚は多くの人にとってあこがれの対象であり，しあわせの象徴として大きな地位を占めつづけている．人々は結婚から遠ざかっているようでもあり，あこがれているようでもあるということができるだろう．結婚に対する一見矛盾するこうした事柄は，実は同一線上の議論のうえに成立するものである．このメカニズムを論じることによって，夫婦関係を「見る」手掛かりを示しておきたい．

1.2．結婚から自由になる傾向
　夫婦関係について考えていく手掛かりとして，まずは現在の結婚のあり方からみていこう．一番の特徴は結婚そのものの数が減っている点である．1960年代後半から1970年代半ばにかけては増加傾向にあるものの，その後，婚姻件数も婚姻率もおおむね減少傾向にある．これは結婚をしなくなったからではなく結婚が遅くなったから，つまり，未婚化が進んでいるのではなく晩婚化が進んでいるからだといわれている．晩婚化の原因については議論が分かれるとこ

ろだが，代表的な意見のひとつに女性の社会進出があげられるだろう．

　国立社会保障・人口問題研究所の第11回出生動向基本調査によると，25〜34歳の女性に支持される「結婚しない理由」は，「思う人がいない（52%）」「必要性を感じない（35%）」「自由や気楽さを失いたくない（38%）」といったものである．この理由としてはさまざまなことが考えられる．女性が自立してきたため結婚する必要性がなくなったからだ，と考えることもできるかもしれない．近年増えているとされる熟年離婚なども，結婚や家族から離れて自分の力で生活を切り開きたい，とする女性の意思によるものであることがしばしば指摘されている．このように，女性の社会進出をはじめとする社会の変化によって，結婚が今までほどの重要性をもたなくなり，結婚から自由になることができた，家族規範から離れて人生を謳歌するタイプのライフスタイルを選択することができるようになった，という説明が可能かもしれない．

1.3. 家庭に入ろうとする傾向

　しかし一方で，結婚願望は男女共に強い傾向にある点が広く指摘されている．「一生結婚するつもりはない」と考えている人は男性で6.3%，女性で4.9%とわずかであり，「いずれ結婚するつもり」の男性は85.9%，女性は89.1%である（国立社会保障・人口問題研究所編，1999）．多くの人はそのうち結婚しようと思っているが，さしあたってそうしていないという状況にあるといえるだろう．従来の考え方から自由になって，自分のための人生を謳歌するタイプのライフスタイルは確かに注目をひく．しかし，結婚に関するデーターを細かくみていくと，このような新しいライフスタイルはまだまだ発展途上だといえるのだ．

　このことを裏付けるデータの一つに，未婚女子の理想のライフコースを調査したものがある．ここでいうライフコースというのは，結婚した後で，子どもをもつのかもたないのか，仕事をどういうかたちで続けていくのか，といういわば人生設計のようなものと考えていただきたい．

これをみてみると「仕事と子育てを両立させたい」とする女性は1992年で19.3%，1997年で27.2%と増加している一方，専業主婦を希望している女性は1992年に32.5%であったのが1997年には20.6%と減少していることがわかる（国立社会保障・人口問題研究所編，1999）．女性の社会進出は進んでいて，キャリア志向が強くなっているということもできるが，あくまでこのデータは「どのようなライフコースが理想ですか？」という質問に対する回答であるということに留意されたい．これと対になっている調査である「どのようなライフコースを予定していますか？」という問いに対する回答をみてみると，最も多いのは結婚，子育てなどで一時仕事を中断して再就職するコースであり，1997年でも42.9%の支持を集めている．また，両立を予定している人は1992年で14.7%，1997年で15.5%であった．両立を希望している人が27.2%であったことを考え合わせると，全体の1割以上の人が仕事を続けたいけど実際は無理だろうと考えているといえる（国立社会保障・人口問題研究所編，1999）．

この背後には，子育てに対する社会的なサポートの低さなどがあることはいうまでもない．しかし，結婚後女性は夫や子どものために時間を割かなくてはいけないだろうという姿勢が人々の心に根強く残っていること，それを引き受けたうえで結婚にまつわる選択が行われていることを忘れてはならないだろう．これは程度の差こそあれ，自由なライフスタイルとは相反するコンサバティブな姿勢といえるのではないだろうか．さらに，既婚女性が実際にどのようなライフコースを選択しているかというデータをみてみたい．その結果は両立が21.9%，再就職が38.8%，専業主婦が27.7%であった（国立社会保障・人口問題研究所編，1999）．既婚女性と未婚女性の世代間差があると想定できるものの，目安としては，未婚女性が予定しているよりも1割程多くの人が専業主婦をしていて，再就職をしている人は若干少ない，ということがいえる．

2.「しあわせな結婚」とは何か

2.1. 結婚に対する圧力と家族に対する圧力

　自由なライフスタイルを求める姿勢と家族のために仕事などを犠牲にしようとする姿勢は，一見相反するものである．しかし，これは同時代の同じ状況において同じ結婚をめぐって出された結果なのだ．読者のなかにも，矛盾していると思いつつも両方の意見に納得してしまう人がいるかもしれない．「家族」や「結婚」という概念を整理していくことによって，このふたつが「結婚」という現象の元に無理なく同居していることをみていくことができるだろう．

　現在の「家族」には，労働力再生産（子育てや休養など）の装置としての側面と感情マネージ（情緒的な満足感を得ること）の装置としての側面があるとされている．そして，この二つを無理なく共存するために「家族責任を負担すること＝愛情表現」である，というイデオロギーがあるといわれている（山田，1994）．このような特徴をもつ家族が成立するのは社会が近代化していることと関係が深いため「近代家族」と呼ばれている．現状では，結婚することは近代家族を形成することとほとんど同義であるといえるだろう[1]．

　ここで注意しなくてはならないのは，結婚に対する社会的圧力は和らいでいるが，家族に対する圧力はむしろ高まっているという点である．近代家族イデオロギーの対象が拡大しているということは，家族であることを説明するための言葉が増えることはあっても減少することはないということである．「自分たちはお互い愛し合っていて助け合っているのだ」と主張することによって，どのような形態の関係性であっても家族としての正統性を得ることができるとい

---

1)「近代家族」については，山田昌弘，1994，『近代家族のゆくえ：家族と愛情のパラドックス』新曜社，または落合恵美子，1997，『21世紀家族へ：家族の戦後体制の見かた・超えかた（新版）』有斐閣選書を参照されたい．

えるだろう．ペットが家族となるのはこうしたレトリックによるものである．逆に，いくら立派な家族であっても，愛情や助け合いが感じられなければ家族としての価値をもたない．熟年離婚が正当化されるレトリックは，こうした文脈に位置するものである．

2.2. 家族における愛情の詰め込み

現代の社会において家族にまつわるあらゆる事柄は「愛情表現」として解釈可能だといえるだろう．これは家事育児に限らない．家族旅行や帰宅前の電話，プレゼントなどはもちろん，けんかさえ家族においては「愛情（またはその裏返し）の表現」として位置付けられる．家族に対する社会的圧力の強さを考えると，「近代家族」にはあらゆる方法を使って愛情を示すことが運命付けられているということができるだろう．こうした状況をここでは「愛情の詰め込み」と呼んでおきたい．

未婚化，晩婚化を担っている未婚者も，こうした愛情の詰め込みに対応する心構えはあるといえる．多くの女性が再就職コースを選択するのも，詰め込まれた愛情になるべく対応したいという意識の表われにほかならない．しかし，これはある程度没我的に家族に奉仕することを意味していて，自分のことと家族のことを両立することが難しいのは経験的に予測可能である．このため，理想と予定のライフコースが違ってくるのだ．また，結婚に対する圧力は弱まってきているため，自ら進んで困難な道を選ぶためには相応の相手に巡り会いたいという欲求が生じてくる．このため結婚するのに適当な相手に巡り会えない，といった理由で晩婚化が進行するものと考えられるだろう．

以上にみてきたように，現在の社会において夫婦関係に要求されているのは多岐にわたる愛情の表現であるということができる．愛情の詰め込みにさらされている夫婦は，こうした社会的な要請のなかで生活し，自分たちはお互いに愛し合っている夫婦であるということを自分たち自身の関係において確認していかなくてはならない．わたしたちは夫婦には愛情があるはずであり，離婚をはじめとするなんらかの「トラブル」に巻き込まれるのは愛情が不足しているか

らだ,と考えがちである.

しかし,上にみてきたように,愛情が詰め込まれている現在の夫婦関係において完全な愛情を表現してみせることはもはや不可能であるということができるだろう.夫婦の日常に注目することで,愛情の詰め込みに対してどのような対処がなされているのか,それによって夫婦の関係というのはどのような影響を受けるのかを論じていきたい.

3. 日常生活に社会学的視点をもち込む

3.1. コミュニケーションを社会学的に見る

日常生活において「関係」について考えるのはどういうときだろうか.夫婦に限らず,私たちは日々さまざまな人との関係のなかで生活をしている.具体的にいえばコミュニケーションをしているといえるだろう.それはおしゃべりかもしれないし,メールのやりとりかもしれない.連れ立って外出することや,ただ黙って一緒にいることもコミュニケーションのひとつだといえるだろう.

関係とは,コミュニケーションという相互作用を通じてつくりだされる二者(あるいはそれ以上)間の状態である.しかし,ある人にとっては快適な関係がもう片方の人にとっては苦痛であることはしばしば起こりうる.このような関係に対する解釈の違いも含んだ概念としてここでは「関係性」という用語を使っていきたい.したがって,良い関係性とか悪い関係性といった価値判断を関係性に対して行うことは不可能である.

3.2. 関係性に成立するルール

コミュニケーションにおいて一番直面しやすい問題は,自分の思いや気持ちがうまく相手に伝わらない,ということではないだろうか.恋人やごく親しい友人,夫婦関係など親密な関係性においては,こうした食い違いはかなり抑えられているといえる[2].親密な関係

性を築いていくためには，コミュニケーションによって多くの情報の伝達を行うことが必要だ．このなかで数多くの話題や前提が相互にやりとりされ，それによって自分たちにとって何がおもしろいのか，何に腹が立つのか，さらに自分たちはどういう関係にあってお互いのことをどう解釈していくのかといった判断の材料が共有されるのである．そして，同じように笑ったり怒ったりできることによって，親密さはますます深まっていく．

　このように，関係性を構築する過程において共有された判断材料の束をさしあたって「ルール」と呼んでいきたい．ルールは関係性のなかに成立するものであるので，必ずしも自分自身の個人的な考え方と一致していないかもしれない．逆に，関係性において決まってきたルールによって，個人的な考え方が変化することもあるだろう．また，解釈や判断の材料はあくまで社会的に準備されているものの枠を出ることはない，ということを再度確認しておきたい．環境や関係性の変化に応じてルールの書き換えが必要となる場面も想定できる．ルールという視点をもち込むことによって，日常生活における関係性の状態を「見て」いくことができるようになるだろう．

4．社会変動に影響される夫婦関係

4.1．夫婦関係におけるルールの特徴

　夫婦関係におけるルールには，以下のような特徴がある．まず，結婚前に恋愛期間を経ている場合がほとんどなので，ある程度自分たちのルールに対するコンセンサスができているという点である．やりやすいルールをつくりだすことができたから結婚できたといってもよいかもしれない．もうひとつの特徴は，夫婦は社会的に認知された関係であるために，夫婦だからやらなくてはならないと社会

---

2) 関係性と親密性については，アンソニー・ギデンズ，1995，『親密性の変容：近代社会におけるセクシュアリティ，愛情，エロティシズム』而立書房に詳しく述べられている．

的にみなされている事柄があるという点である．これをさしあたって社会的なルールと呼んでおこう．

　たとえば，結婚をきっかけに一生懸命料理作りにはげむ女性や，結婚後いっそう仕事に打ち込む男性がいたとする．これは，社会的なルールにそって自分の行動を決定している姿であるということができる．しかし，夫から「料理はだんだん上達していけばいいよ」と言われていたり，「結婚後は家庭を大切にしてほしい」と妻から言われていた場合には，その限りではないだろう．こうしたふたりのルールづくりが可能になったのはフェミニズムによる影響が大きいことはいうまでもない．かつて，性別役割分業に基づいた役割を果たすことで家族運営が成立していた時代には，妻は家事と育児を担当し，夫は仕事を担当するという分担に疑問をはさむことは一般的でなかった．

　現在でも性別役割分業がまったくなくなったというわけにはいかないが，依然として役割分担が硬直的だと考えるのはいささか極端だろう．ポイントとなるのは，現在は家事や精神的な負担について多少なりとも交渉の余地がある，という部分である．社会的なルールによってのみ分担を決定されていたかつてとは違って，双方の関係性において仕事の配分をはじめとする二人のルールを決めることが可能になってきた．つまり，性別役割分業を離れて二人の関係を決めていくための資源が社会的に準備されてきた，ということになる．そうすると，夫婦は困難な事態に直面する．日常生活においてやるべき事柄はあまりに多すぎて，話し合いが追いつかないということがしばしば起こるのだ．このため，夫婦は相手のコンセンサスを得ないまま独断で臨機応変に仕事をこなしていく，という状況に陥る．従来の性別役割分業に基づいていた夫婦は，分業という点においては社会的なコンセンサスとともに当事者間のコンセンサスが得られていたため，こうした困難に陥ることはまれであったといえるだろう．

　さらに，家庭にまつわるすべての物事は愛情表現として価値づけられている．2節でみたような，愛情の詰め込みと呼ばれる状況が現在の結婚を大きく特徴づけている．このため，当然やってくれる

はずだ，と思っていることをやってもらえなかったり，自分が思ったように相手がふるまったりしなくなると，愛情が不足しているのではないか，と考えてしまいがちである．いってみるとコミュニケーションが目詰まりを起こしていて，情緒的に充足されない状態であるということができるだろう．

　こうしたスパイラルに陥ると，関係性を修復して信頼を取り戻すのは難しい作業となる．ルールの再編成は関係性の再構築とほとんど同義であり，場合によっては今までの関係性を否定することからはじめなくてならない．今まで「OK」とされていたものに異をとなえるのである．それを納得してもらったうえにさらに新しい提案をするのは骨の折れる作業であり，雑事に追われる日常生活にはそぐわない方法であるといえるだろう．

4.2. すれちがっている夫婦

　夫婦にとって一番波風の立たない方法は，今までの関係性を否定することなく，困難に向き合わないスタンスを選ぶことである．具体的には，ちょっとした不満や不足には目をつぶってやりすごすことによって生活のつつがなさを保つという選択といえるだろう．消極的ともいえるこの方法が，結局はリーズナブルな結果となるのはままあることであり，日常生活においてめずらしくない戦略である．

　しかし，夫婦関係においては関係を持続させることや日々を生活することが時として最優先されるため，目をつぶることが日常化してしまい，黙認そのものがルールに組み込まれてしまうことがある．これが進展すると相手がよかれと思ってやっていることも自分にはそうと思えなかったり，その逆が起こることがむしろ前提となってしまい，それを修正したり問題化することももはや不可能となってしまうのだ．このように，黙認することが日常化していて修復が難しい状態にある夫婦を「すれちがっている夫婦」と呼んでいきたい．

　すれちがっている夫婦の最大の特徴は，ルールの共有が難しくなっていることである．このため，ある時は社会的な考え方を使って自分たちの行動を解釈し，またある時はルールをもちだして解釈する．このため同じ行動に対しても夫婦の間で判断が共有されておらず，

自分だけが不安な状態にあるのではないかと思ってしまう．そして，こういう精神状態に追い込まれてしまったことと，自分が思うように相手がふるまってくれないことを，愛情が足りないことと結び付けたり，夫婦は一般的にこういうものなのだと理由づけたりして納得してしまうのである．

夫婦のすれちがいは，性別役割分業だけを前提とせずにある程度ルールをつくっていくことが可能であり，さらに，家族における愛情が強調されていて愛情が詰め込まれているという社会状況を反映した，現代の日本における夫婦の特徴といってもよいだろう．

5．夫婦関係を支えるコミュニケーション

5.1．愛情のインフレーション

夫婦のすれちがいは現代の日本における夫婦関係の構造的な特徴である．したがって，誰にでも起こりうることであり日常生活においてごくありふれたものであるはずだ．しかし，夫婦は愛し合っているはずだという前提が強固である現在，私たちは夫婦のすれちがいに一種異様な印象を受けてしまう．すれちがっている夫婦自身もすれちがいの自己処理に悩み，解決するべき問題としてとらえている状況にあるだろう．心性の一致を特に家族に対して求めることが，近代家族の特徴のひとつであり，夫婦のすれちがいに対する違和感と密接に関わっているといえる．

一般に夫婦関係を支えているとされている「相手に対する愛情」は非常に危ういものだ．愛情が詰め込まれている現在の結婚をめぐる状況を考えれば，あらゆることが愛情表現として判断可能であり，それゆえに表現が義務化したりルーティン化してしまって本来の意図から離れてしまう可能性を秘めている．こうしたことを避ける手段のひとつに，より強力で確実な表現を常に提示するという方法があるだろう．こうした傾向は，夫婦関係よりも親子関係によくみてとれるかもしれない．たとえば，幼稚園にお弁当をただ持たせるだ

けでなく，栄養バランスを考える．ただ作るだけでなく子どもが喜ぶように盛り付けを工夫する．彩りや器に気を配るのはもちろん，食材を使ってアニメのキャラクターなどを描いてみせる．こうした行き過ぎともみえるサービスは，愛情のプレッシャーにさらされた近代家族に対する社会的な要求を反映したものである．このサービスは義務になった瞬間に愛情表現とならなくなってしまううえに，他者との差別化によって成立するものである．より高度なサービスを提供することによって愛情を確固たるものにしようと，サービス合戦が繰り広げられるのは，当然の帰結であろう．愛情表現のインフレともいえるこうした状況は幼児期の育児や子どもの教育などをめぐってしばしば指摘されてきた．

　愛情表現がインフレを起こしてしまうと，表現する側も受ける側も負担が生じる．幼児期の親子関係において愛情のインフレが生じやすいのは，愛情を表現する側が自分の思い入れだけで一方的に加速することが可能であるという関係の非対称性が大きな要因となっているかもしれない．

5.2. 夫婦関係におけるインフレ抑制

　夫婦関係においては，むしろこうしたインフレを抑制する方向でやりとりが行われているといえるだろう．愛情表現がルーティンとなることは，夫婦関係に限らずよくあることだ．たとえば，はじめは相手のことを考えて帰宅時に電話をしていたとしても，いつのまにか帰宅前に電話することが当たり前となってしまい，電話をすること自体が目的化してしまう．形は違えども，親密な関係性において誰しも経験があることであろう．しかし，夫婦関係の場合，「昔に比べるとそっけなくなった」などという不満が出ることはあっても，電話の意図が改めて問われることはほとんどないのではないだろうか．

　恋愛期のカップルとは異なり，夫婦の間には愛情が＜ある＞ことが前提となっている．これは信頼や情といった言葉で言い換えてもよいかもしれない．情緒的なつながりがあるという前提で関係性が成立しているため，その質を問い直してルールの改編を行う困難に

立ち向かうよりも，前提を維持したままで不満をやり過ごす方が差し障りがないといえるだろう．愛情が詰め込まれている近代家族において，夫婦はこうした選択をすることでインフレを抑制し精神的負担の少ないかたちで関係性を維持しているのだ．一般に夫婦のすれちがいは，とるに足らない事柄として処理されてしまいがちだ．すれちがった夫婦は内心には不満や疑問を抱きつつも炊事や子育てを通じて実際の作業のみならず愛情表現をも含んだ夫婦としての機能を果たしている．外から見ると，おだやかでむしろ幸福そうに見えるかもしれない．

浮気，暴力，育児放棄といったすでに問題化されている夫婦関係におけるトラブルとは異なり，すれちがいは違和感として表出され，解決のみこみのないまま放置されている．すれちがっている夫婦は自分の不満や疑問が問題化されないようにするための配慮や思考様式を確立させ，お互いの思惑のずれや不満を問題化しないように日々をやりすごしている状態にあるといっていいだろう．

こうして考えていくと，夫婦関係を支えているのはルーティン化したりすれちがっていたとしてもなお社会的なルールやふたりのルールにさからわないで行動しようとする日々の営みであり，そうすることによって積み上げてきた歴史なのであるといえるかもしれない．

おわりに：ありふれた夫婦から見えるもの

愛情という言葉からは個人的で純粋な感情を連想しがちだ．しかし，コミュニケーションは社会的な文脈にのっとって行われるという視点に立つと，愛情ですらも高度に社会化された営みのひとつであり，社会の影響から免がれることはできないといえる．愛情が詰め込まれた近代家族において常に説得力のある愛情を示すのは難しいことであろう．しかし，この困難に応えることが，社会からの夫婦関係に対する要請だということができる．結婚から遠ざかりつつもあこがれを捨てきれないでいる晩婚化現象は，こうした困難を認

識する一方で否定しきれない現在の状況を示しているものといえる．

　実際の夫婦関係においてこの困難はやりすごすというかたちで解消されている．夫婦における愛情表現とは社会的に準備された夫婦としてのルールや硬直化したふたりのルールを根拠としているものである．こうした愛情表現は時に的外れなものとなり，日常生活における不満や違和感につながることがあるかもしれない．しかし，それ自体問題化されることなく，夫婦だからということで容認されたりやりすごすことによって対処されているといえる．

　これは愛情表現のインフレを防ぐテクニックとしての側面もあるが，やりすごしが日常化してしまうと不信感につながりかねない点を忘れてはならないだろう．夫婦であればどこででも観察可能なありふれた生活の背後にはこうしたメカニズムが働いているのである．

<参考文献>

R. ブラッド（田村健二監訳），1978，『現代の結婚：日米の比較』培風館.
A. ギデンズ（松尾精文・松川昭子訳），1995，『親密性の変容：近代社会におけるセクシュアリティ，愛情，エロティシズム』而立書房.
神原文子，1991，『現代の結婚と夫婦関係』培風館.
国立社会保障・人口問題研究所編，1999，『独身青年層の結婚観と子ども観〈平成9年〉：第11回出生動向基本調査』厚生統計協会.
長津美代子・細江容子・岡村清子，1996，「夫婦関係研究のレビューと課題：1970年以降の実証研究を中心に」　野々山久也・袖井孝子・篠崎正美編『いま家族に何が起こっているのか：家族社会学のパラダイム転換をめぐって』ミネルヴァ書房.
牟田和恵，1996，『戦略としての家族：近代日本の国民国家形成と女性』新曜社.
山田昌弘，1994，『近代家族のゆくえ：家族と愛情のパラドックス』新曜社.
―――，1992，「『家族であること』のリアリティ」好井裕明編『エスノメソドロジーの現実』世界思想社.

第6章

高齢者介護と家族
──介護問題の主役は誰か？

荒井浩道

はじめに
1. 高齢社会における介護問題
2. 介護の社会化
3. 介護の囲い込み
4. 家族介護とジェンダー
5. 家族介護における「権利／人権」
おわりに

はじめに

　今日われわれの社会は,「大衆長寿 (mass longevity)」の時代を迎えた.大衆長寿とは,D. W. プラースの言葉を借りれば「人と生まれたすべての人が長寿に恵まれ,人生の全行程を十分に享受しうるようになるという希望」(プラース,1985：3) であり,われわれの社会が成功の証として手にした歴史の贈り物といえる.
　だが,この贈り物であるはずの長寿は,現代人にとって全面的に歓迎されているわけではなく戸惑いをもって受け止められている.さらにいえば困った問題として認識されることさえある.大衆長寿の時代とは,言い換えれば,膨大な数の高齢者の出現を意味する「高齢社会 (aged society)」なのである.
　本章では,今日の高齢社会において無視することのできない問題のひとつとして「高齢者介護」に着目し,社会学的に検討する.ここでの論点は,高齢者介護が「誰にとっての問題なのか」ということにある.すなわち介護問題の「主役は誰か」という問いの立て方をする.以下ではまず,この点を検討する端緒として,今日われわれが置かれている高齢社会という歴史的社会的状況と,高齢者介護という問題の関係をみてみたい.

1. 高齢社会における介護問題

　われわれが高齢者介護の問題を考えていくうえで求められるのは,今日の高齢社会においてそれが誰もに降りかかる問題であり,今後その傾向はいっそう強まるという時代認識である.
　今後の高齢者割合の変化を「日本の将来推計人口 (平成 14 年 1 月推計：中位推計)」(国立社会保障・人口問題研究所,2002) でみ

図1 前期・後期高齢者人口の推移

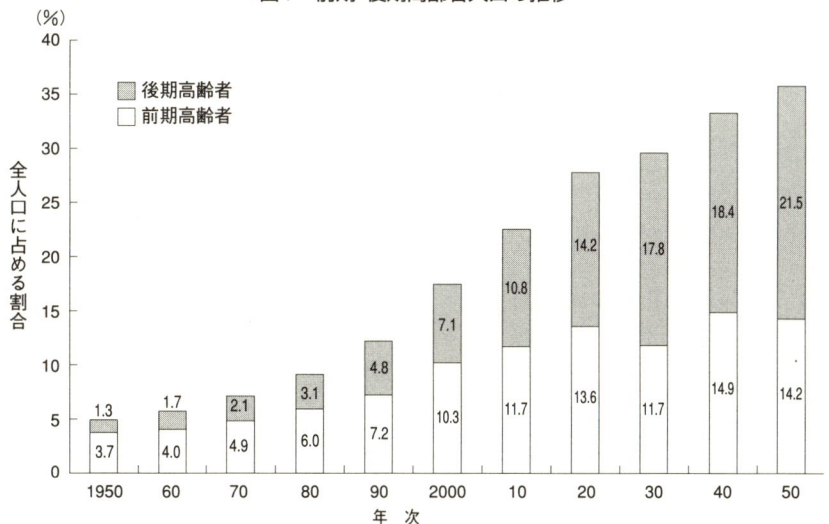

年次	前期高齢者	後期高齢者
1950	3.7	1.3
60	4.0	1.7
70	4.9	2.1
80	6.0	3.1
90	7.2	4.8
2000	10.3	7.1
10	11.7	10.8
20	13.6	14.2
30	11.7	17.8
40	14.9	18.4
50	14.2	21.5

資料：国立社会保障・人口問題研究所『日本の将来推計人口（平成14年1月推計）』

ると（図1），2000年時点の老年人口は17.4%であるが，「団塊の世代」（1947-1949年生まれ）が65歳以上になる2014年には25%に達し，4人に1人が65歳以上人口となる．その後も老年人口割合（高齢化率）は上昇し，2017年には27%に達する．それ以降は老年人口自体はさほど増加しないが，全体に占める割合は低出生率の影響を受けて2033年には30%台に，2050年には35.7%になると予想されている．

また，この老年人口割合をより詳しくみるために，「前期高齢者（65-74歳）」と「後期高齢者（75歳以上）」に分けると，今後，前期高齢者の割合はほぼ変化しないのに対し，介護の対象となる確率の高い後期高齢者の割合はさらに増加していくことがわかる．つまり，今後の老年人口割合（高齢化率）の上昇は，実は後期高齢者人口割合の上昇と言い換えることもできるだろう．この予測が示唆することは，今後到来する「超高齢社会」では前期高齢者よりも後期高齢者の存在が軽視できないほどに増大するということであり，それにともない高齢者介護の問題がいっそうクローズアップされるということでもある．

折しも2000年4月,公的介護保険制度が施行されたわけだが,そもそもこの制度では,身体的老衰に起因する高齢者介護が,もはや一部のマイノリティにとっての問題ではなく,大衆問題化することが想定されている.この意味において,今日の高齢社会では誰もが介護問題の当事者になる可能性を秘めているのである.

　以下では,ここで概観された今日の高齢社会の特徴をふまえたうえで,高齢者介護が抱える問題点をよりミクロな視点から検討する.まず注目されるのは,「介護の社会化」にまつわる議論であり,そこから介護者にとっての問題として高齢者介護をみていきたい.

2. 介護の社会化

　1970年代以前における高齢者介護は,老親介護とほぼ同義であり,そこでは,家族内に要介護者がいる場合,その介護を行う者も当然家族員とされていた.それから約30年,高齢者介護を取り巻く状況は大きく変わりつつある.そこには「私的介護」から「社会的介護」へという大きな流れをみることができる.2000年4月から施行された公的介護保険が導入される際の理念のひとつとして介護の社会化が掲げられ,家族介護者の負担軽減が主題化されたことは記憶に新しい.その背景には,高齢者介護を家族介護に依存しつづけることがもはや困難となっている現状があり,たとえば居住形態の変化や,介護者／要介護者双方の意識の変化,そして女性の就労などがあげられる(下山,2000).

　家族社会学者・袖井孝子は,こうした介護環境の変化を,産業化にともなう家族機能の縮小論,家族機能の外部化論の延長に位置づけ,「ケア機能の外部化」として論じている(袖井,1990,1993).袖井に従えば,短い専業主婦の時代を経て女性は労働市場に進出しようとしているわけだが,これまでは生産労働に従事するにせよ,しないにせよ,家庭に主婦がいて家庭運営にあたることによって,家族員のもつさまざまな欲求の充足が可能であった.だが主婦が家

族外で雇われて働くことは，家族機能の遂行を困難にする．とりわけ自らの力で生活を営むことの困難な乳幼児，障害者，要介護老人，そして身辺の処理能力を欠く多くの成人男性に対するケア機能に支障が生じる．袖井は，家族にとって本質的な機能と考えられてきたケアが，次第に外部化されることは時代の趨勢であり，社会福祉サービスは，家族のケア機能の補完や代替を目指す方向であるという．

　もちろん近年の介護の場は，施設から在宅へという世界的な趨勢があるわけだが，在宅介護は家族介護と同義ではない．ここで在宅が意味するのは住み慣れた家や地域で老いることであって，家族に介護責任のすべてを押しつけるものではないといえよう．すなわち在宅における介護であっても，積極的に外部サービスが利用されることになる．

　こうした介護の社会化が含意する方向性は，高齢者介護が社会的介護を中心に再編成されることである．だが，それはあくまでも介護の責任主体の「機軸の変更」であり，私的介護から社会的介護へという，介護の第一義的な責任主体の変更にとどまる（下山, 2000）．つまり家族のケア機能が作用する場合にこそ，外部から提供されるケア機能も効果的なものとなり得る．すなわち家族の福祉機能と社会福祉とは相互補完的であるばかりでなく，相互の機能を増幅しあう関係にあるといえよう（木下, 2001）．

　したがって，今後介護がより社会化されるにしても，家族による介護役割は全否定されるものではない．むしろ，介護は社会化されることにより，何らかの外部サービスを選定する役割や責任という意味において家族はより多く介護に関わらなければならない．具体的には，家族の介護機能を全面的に代替する特別養護老人ホームなどの専門施設への入所から，部分的代替としての訪問介護サービスの利用など，実際には家族のニーズや置かれている状況に応じた多様な対応が求められることになる．

3. 介護の囲い込み

　以上で確認されたように，家族内に押しとどめておくことの難しくなった高齢者介護が社会化されることの必要性は自明といえよう．だが家族介護の現場に目を向けると，この社会化という趨勢は，しばしば家族の側からの抵抗に遭遇する．すなわち衣料や食品のようなモノを対象としたサービスの外部化は，家族の本質そのものを脅かすものではないが，ヒトに対するサービスの外部化は，家族の存立要件にかかわるため人々に危機感を抱かせる（袖井，1993）．さらにいえば，介護の社会化という今日的な趨勢とは逆に，家族が介護を囲い込むという現象を指摘することもできよう（藤崎，2000）．こうした介護における容易に社会化しつくせない側面は，いったいどのように理解できるだろうか．

　この点は，もちろん現時点での介護体制が十分ではないという制度上の問題としてみることも可能である．だが本章では，介護という行為の性質をより深く理解するため，「社会化」と「囲い込み」を家族介護において拮抗する二つの傾向としてとらえたい．

　このことを考えるうえで手掛かりとなるのは，介護（ケア）概念がはらむ二重性に関する議論である．たとえば，H. グラハム（Graham, 1983）は，介護（ケア）を「愛の労働（labour of love）」と表現し，「愛情（love）」と「労働／苦役（labour）」，あるいは「アイデンティティ（identity）」と「アクティビティ（activity）」という二重性を指摘する（Graham, 1983）．また，C. アンガーソン（Ungerson, 1983）の言葉を借りれば，「気遣うこと（care about）」と「世話をすること（care for）」という二重性である．

　労働／苦役には還元しえない介護（ケア）の愛情という側面は，社会化に対する抵抗となる．一方では労働／苦役として介護経験のつらさが強調されるわけであるが，他方では愛情をともなう行為として介護の素晴らしさが主張されることもある．そして後者の愛情

としての介護経験は，介護者自身のアイデンティティに関係することは問題を複雑にする．すなわち，親や配偶者などの近親者を介護した経験が介護者の自己のなかで大きな位置を占める場合はその個人の存立要件にもなりうる．もはやその経験抜きには，自分の人生を語ることもままならないという状況に陥ることさえある．

それゆえ時代の趨勢として介護が社会化される一方で，それとは正反対の囲い込みが抵抗として根強く存在しつづける．介護関連の出版物を見わたせば，一方には介護経験の過酷さを告発するルポルタージュが，他方には介護経験を賛美した体験記が存在することは，この社会化と囲い込みという矛盾する二つの傾向を象徴しているといえよう．

だがここでいう「囲い込み」を「愛情」という言葉で美化するノスタルジーには注意が必要である．C.アンガーソンは次のようにいっている．

> 「気遣うこと」は，情緒的な愛情という意味で，無意識的な親密的感覚に基づく．……他方，「世話すること」は要求に対するサービスという意味で，ほとんどあるいは全く「気遣うこと」とは関係ない．(Ungerson, 1983：31)

囲い込みは，確かに介護者のアイデンティティとして心理的防衛になるという利点があるのだけれども，もう一方にある労働／苦役としての介護の性質があることを忘れてはならない．その負担は，無視できないほど大きいのである．

「国民生活基礎調査（平成10年）」（厚生省大臣官房統計情報部，1998）による「日常生活での悩みやストレス」の状況をみると（表1），

表1　年齢階級－性別にみた同居の主な介護者の
　　　「悩みやストレスがある」割合（％）

	全体（12歳以上の者）	要介護者の主な介護者	寝たきり者の主な介護者
男	38.6	63.1	64.2
女	45.4	71.5	71.7
合計	42.1	69.9	70.5

図2 要介護者と同居する主な介護者の悩みやストレスの原因

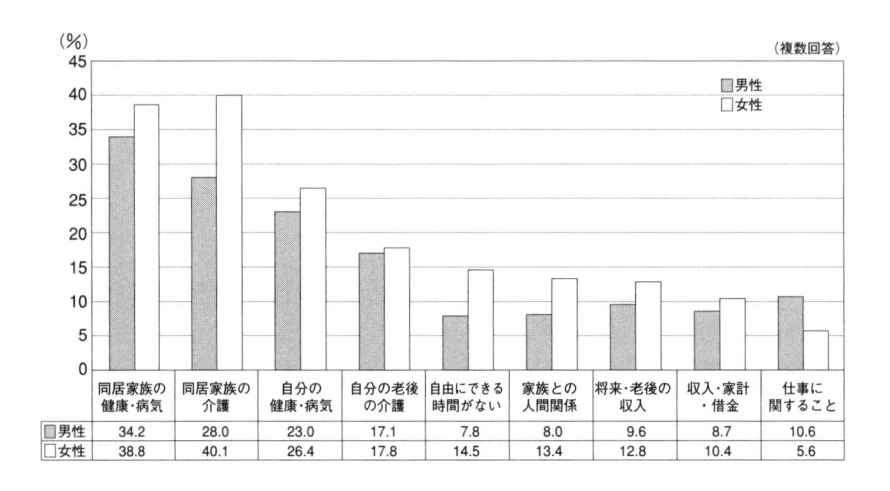

	同居家族の健康・病気	同居家族の介護	自分の健康・病気	自分の老後の介護	自由にできる時間がない	家族との人間関係	将来・老後の収入	収入・家計・借金	仕事に関すること
男性	34.2	28.0	23.0	17.1	7.8	8.0	9.6	8.7	10.6
女性	38.8	40.1	26.4	17.8	14.5	13.4	12.8	10.4	5.6

(複数回答)

資料:厚生省大臣官房統計情報部『国民生活基礎調査(平成10年)』

同居家族が介護をする場合,要介護者の「主な介護者」のうち69.9%(男性63.1%,女性71.5%)が「悩みやストレスあり」と答え,寝たきり者の「主な介護者」のうち70.5%(男性64.2%,女性71.7%)が「悩みやストレスあり」と答えている.調査対象者全体(12歳以上の者)の「悩みやストレスあり」が42.1%であることを考えれば,家族に介護者を抱える場合の負担は大きくなることが理解される.

また要介護者の主な介護者の悩みやストレスありの者について,その原因を性別でみると(図2),女性は「同居家族の介護」が40.1%で最も高く,次いで「同居家族の健康・病気」,「自分の健康・病気」の順となっており,男性は「同居家族の健康・病気」が34.2%で最も高く,次いで「同居家族の介護」,「自分の健康・病気」の順となっている.いずれも自分の将来や老後のことよりも現在従事している同居家族の介護や病気を悩みやストレスと感じているといえよう.

4. 家族介護とジェンダー

　前述において，介護が社会化される趨勢と，それに対する抵抗としての家族による介護の囲い込みについて検討された．そしてこの囲い込みが一方では愛情に基づいた行為として美化される反面，介護の当事者にとってはその負担が大きいことが理解された．だがさらにここで注目しなければならないのは，その負担の多くを担うのは「女性」であるという点である．

　再び「国民生活基礎調査（平成10年）」（厚生省大臣官房統計情報部，1998）を参照したい（表2）．65歳以上の要介護者の介護全体でみると，「主たる介護者」は「同居」が85.7%，「別居」が14.3%となっている．ここではまず「主たる介護」の多くは同居している家族によって担われていることが確認される．

　そして次に介護者の性別に着目すると，65歳以上の高齢者を介護する介護者の「全体」では，男性16.5%，女性83.5%となっている．また介護者が「配偶者」の場合，男性26.3%，女性73.7%，「子」の場合，男性29.5%，女性70.5%であり，男性よりも女性が「主な介護者」となっていることがわかる．そして「子の配偶者」にいたっては，男性0.3%，女性99.7%と女性がほとんどを占め，男性がいわゆる義理の両親を介護することはきわめて稀であることがわかる．

表2　要介護者（65歳以上）の主な介護者の続柄の割合とその男女比（%）

	主な介護者の続柄の割合	男女比（男性／女性）
同　居	85.7	18.0/82.0
配偶者	31.6	26.3/73.7
子	22.5	29.5/70.5
子の配偶者	29.0	0.3/99.7
その他の親族等	2.6	13.6/86.4
別　居	14.3	7.6/92.4
全　体	100	16.5/83.5

このデータより，主な介護者の多くは依然として同居家族であり，とりわけ女性が多くを担っているという今日の介護の実態が浮き彫りになる．

　このように介護役割の多くを女性が担うという構図はわれわれのなかの漠然とした「望ましさ」としても存在する．たとえば筆者が参加した聞き取り調査（宮内他，2001）においても，調査協力者の多くは将来自分が介護される立場になった際，女性による介護を希望している．

　これまで，家族介護を推奨する論理として「慣れ親しんだ近親者に介護される」ことの望ましさが主張され，家族介護は日本の美風としてこれまで家族の手にゆだねられてきたわけだが，そこでの家族介護の担い手のほとんどが女性であることを考慮すれば，家族介護の問題は女性介護者の問題と言い換えることも可能である．介護は「女性の仕事」として位置づけられるわけであり，そこにはジェンダーの問題が抜きがたく含まれているといえよう．介護の社会化という理念とは裏腹に，依然として介護役割の大部分は主として中高年の女性（妻，長男の妻，長女）によって担われているという介護の構図に大きな変化はないのである（下山，2000）．

　そしてこのような傾向は，その他の福祉労働においても問題化する．杉本貴代栄（1997）は，性差別社会において一定の職種への女性の集中は，賃金や地位の低さ，男性の優位性を導きだし，「貧困の女性化」(the feminization of poverty)」をもたらすことを指摘している．すなわち女性は，福祉の担い手だけでなく，その対象にもなるという皮肉である．杉本は，このような方向性を，1980年代後半からの日本の福祉の変化にみて，「社会福祉の女性化」とよぶ．一般的に無償とされる愛情の労働である介護の対価は低い．とりわけ家族介護において主として女性が担う介護労働は文字通り無償である．

　こうした「社会福祉の女性化」と呼ばれる傾向は，今後の介護の社会化の行方を占うえでも重要なポイントである．主として女性によって担われてきた家族介護が社会化されたとしても，結局，専門職として同じ女性が介護に従事するという繰り返しが起こる．それ

ゆえに，介護の社会化を押し進めていく作業のなかでは，同時に介護労働に対する賃金の向上や，男性による介護労働への積極的参入が求められるのである．

5．家族介護における「権利／人権」

　以上で確認されたように，今日の高齢者介護の負担は，依然として家族，なかでもとくに女性に重くのしかかっている．このことは近年市民権を獲得しつつある女性の「自己決定権」，つまり彼女たちが自己のライフスタイルを自ら決定する権利と正面から対峙する．そもそも今回の介護保険制度のねらいのひとつは，主として女性が担ってきた家族介護労働の負担軽減にある．
　だがわれわれは，高齢者介護の問題が介護する側である「介護者（主として女性）」だけではなく，介護される側である「要介護者（高齢者）」の問題でもあることを忘れてはならない．すなわち，老いゆく個人が自らの介護のあり方を選定するいわば「老いの自己決定権」とでも呼べる権利の所在である．本章では最後に，介護を「権利／人権」の問題としてとらえることで，そこに潜む問題点をみていきたい．
　家族介護を権利／人権の問題としてとらえた際，単に「女性の権利」や「高齢者の権利」を声高に主張するだけでは収まらない問題があることに気づく．つまり，介護者（主として女性）の「介護しない権利」と要介護者（高齢者）の「介護される権利」の双方が主張される場合，それらは家族内において衝突する．
　この点を考えていくうえで，春日キスヨの議論は示唆的である（春日，2001）．彼女は，家族のなかの人権について触れ，権利／人権を「個」の視点で語っていくことのジレンマを指摘する．たしかに，現代社会において「子どもの人権」・「高齢者の人権」・「女性の人権」が「宣言的（manifesto）」に提示され，もはや否定できないレベルまで浸透している．だが，家族内においてそれぞれの権

利は，相互に抵触する．つまり家族をひとつの統一体としてみるのではなく，それぞれ家族を構成する成員の視点から逆に家族をとらえると，そこにはそれぞれの権利／人権が対立するような具体的な生活レベルの問題をみることができる．具体的にいえば，家族は年齢と性別を異にする「老・幼・病弱者」を含む場であるため，全体社会のレベルでは主張可能な「子どもの人権」・「高齢者の人権」・「女性の人権」というマイノリティの側からの宣言的な権利要求は，弱者を含む人々によって構成される家族内において対立することになる．そのためわれわれに求められることは，女性や高齢者の権利／人権を宣言的に主張することではなく，それらの権利／人権が折り合う可能性やその道筋を丹念に見ていく作業である．

　このような春日の議論からも，われわれは，高齢者介護という問題が女性介護者とともに要介護者の問題であるという認識を新たにする必要があるといえるだろう．すなわち「高齢者問題は，男性問題でもあり，人間問題である」（笹谷，1999）であるわけであり，本章の冒頭で指摘された大衆長寿という歴史的社会的状況を考慮すれば，介護者としての女性の人権は，いずれ自らが要介護者となったときの高齢者の人権と衝突するというジレンマを生むのである．

　もちろん，これまで検討してきたように介護が女性介護者の問題であることを考慮すれば，それを家族に押しつける先祖帰りは期待できない．今後の超高齢社会において家族による囲い込みには限界があるわけであり，そこでは介護が社会化されることが必要である．だが，われわれが行わなければならないことは，介護の社会化の必要性を自明的に主張することではない．むしろ，いかに高齢者の人権を保障しながら家族による介護負担を軽減していく方策を模索するかという困難な作業が求められているのである．

おわりに

　本章では，高齢社会における歴史的社会的問題として高齢者介護

を位置づけ，そこに潜む問題点を浮き彫りにしてきた．最初に検討されたのは，介護が社会化されるという今日的趨勢と，それへの抵抗として立ちあらわれる家族の側からの介護の囲い込みという拮抗する二つの傾向である．本章では，この二つの傾向を愛の労働という介護の二重性から理解した．介護は単純に社会化できない愛情という側面を内包しているのである．

しかし本文中で強調されたように，この愛情という意味づけには注意が必要である．介護を神秘化する愛情規範に基づき多くの美談が生まれることは事実だが，他方ではそれは家族介護を正当化する論理に転化する危険性を秘めている．そしてまた，介護にはジェンダーの問題が抜きがたく含まれているということも忘れてはならない．すなわち介護問題は女性介護者の問題ということもできるのである．

だが問題はそれだけではない．これらの点を考慮したうえでもなお強調しておかなければならないことは，最後に主張された高齢者介護は要介護者である高齢者の問題であるといういささか当たり前の認識である．これまでの介護施策において，家族内に押しとどめられてきた介護を社会化することが至上命題化されてきたわけだが，ともするとそこでは高齢者の人権に関する議論が不足しがちであったのではないだろうか．

本章で検討された高齢者介護という主題は，もはや一部のマイノリティだけの問題ではない．介護者になるにせよ要介護者になるにせよ，多くの人がその当事者となる可能性がある．この意味においてわれわれは高齢者介護という人生後半に待ち受けるテーマを，重苦しい問題として目をそらすのではなく，自らの問題に引きつけて考えておく必要があるだろう．そうすることが，冒頭でふれた大衆長寿という歴史の贈り物を本当の意味で享受する端緒となるのである．

<参考文献>

Graham, H., 1983, "Careing：labour of love," J. Finch & D. Groves eds., A

Labour of Love : Women, Work and Caring, Routledge & Kegan Paul.
藤崎宏子, 2000, 「家族はなぜ介護を囲い込むのか : ネットワーク形成を阻むもの」副田義也・樽川典子編『現代家族と家族政策』ミネルヴァ書房.
春日キスヨ, 2001, 『介護問題の社会学』岩波書店.
木下謙治, 2001, 「家族と福祉の接点」木下謙治・小川全夫編『家族・福祉社会学の現在』ミネルヴァ書房.
国立社会保障・人口問題研究所, 2002, 『日本の将来推計人口（平成 14 年 1 月推計）』厚生統計協会.
厚生省大臣官房統計情報部, 1998, 『国民生活基礎調査（平成 10 年）』厚生統計協会.
宮内孝知他編, 2001, 『家族介護者の語り : グループ・インタビュー調査資料集』早稲田大学人間総合研究センター流動化社会と生活の質プロジェクト.
D. W. プラース（井上俊・杉野目康子訳）, 1985, 『日本人の生き方 : 現代における成熟のドラマ』岩波書店.
笹谷春美, 1999, 「家族ケアリングをめぐるジェンダー関係 : 夫婦間ケアリングを中心として」鎌田とし子・矢澤澄子・木本喜美子編『ジェンダー』東京大学出版会.
下山昭夫, 2000, 「高齢者の介護と介護の社会化」染谷淑子編『老いと家族 : 変貌する高齢者と家族』ミネルヴァ書房.
袖井孝子, 1990, 「現代社会の変化と家庭機能の社会化」『社会福祉研究』48 : 13-18.
―――, 1993, 「主婦の家庭外就業とケア機能の外部化」森岡清美監修・石原邦雄・佐竹洋人・堤マサエ・望月嵩編『家族社会学の展開』培風館.
杉本貴代栄, 1997, 『女性化する福祉社会』勁草書房.
Ungerson, C., 1983, "Why Do Women Care?," J. Finch & D. Groves eds., A Labour of Love : Women, work and Caring, Routledge & Kegan Paul.

第7章

障害児と発達支援
―― 何が「障害」なのか？

岡野晶子

はじめに：LD児ってどんな子なの
　1．LD児を支える社会体制
　2．指導の実践から見えてくること
　　3．LD問題について考える
おわりに：自分の花を咲かせようよ

はじめに：LD児ってどんな子なの

　一生懸命勉強しているのだけれども，成績が伸びない子，授業中，そわそわ落ち着かず，教室の中を歩き出してしまう子．クラスに1人か2人，そんな子どもに出会った記憶はないだろうか．普通学級ではちょっと変わった子どもとして扱われてしまうLD（学習障害）[1]児に対して少しずつではあるが，新しい取り組みがみられるようになってきた．LDといってもその枠に入るケースはさまざまである．多動，計算障害，読み書き障害（ディスレクシア），言葉の遅れなど，その程度も重度から軽度までであり，さらにはこれらの障害も重複しているケースが多い．少し専門的な言い方をするならば，LDとは学力偏差値と知能偏差値がアンバランスな子どもである．聞く，話すといった能力は正常にありながら，読み書きの能力が劣っているというように，個人内の発達がアンバランスであるがゆえに，周囲にとって理解しにくい（理解するのに少し時間がかかる）子どもなのである．したがって，LD児に対する発達の支援は，一人ひとりの子どもと向き合いながら，その対応や指導方法を探っていかなければならない．

　どんな障害であれ，そのまわりの者が「障害」をどうとらえるかによって，まったく景色は変わってくる．たとえば，『五体不満足』の著書の乙武洋匡さんの例をあげれば，こんなに重度の障害を抱えた人が，温かい周囲の人に囲まれ，前向きに楽しい毎日を送っているという事実は，多くの人々に驚きと感動を与えた．障害児という

---

[1] 文部省の定義が発表されたのは1995年である．それ以降，中央省庁においても，徐々にではあるが，LDの問題が積極的に取り上げられるようになってきた．本章での定義を示しておく．「LDとは，学習可能性を示す知能は標準以上でありながら，通常の学校教育形態では，読み，書き，算数といった学力または聞く，話すといった言語能力をもたないがために，その能力を十分に発揮できない子どものことである．その原因としては，何らかの中枢神経系の機能に問題があると推定される」．

カテゴリーでみれば，ここにあげる LD 児は，障害の程度は比較的軽いものと位置づけられている．一見「ふつう」と変わらないこの子どもたちは，学習の遅れが単に怠けているからと誤解されることも多い．果たして本当に，このような子どもは学級全体にマイナスなのだろうか．「がんばっただけではできない」LD 児への発達支援の問題を取り上げることで，本章が障害児を支える社会について考えるきっかけになってくれたらと願う．

1．LD 児を支える社会体制

　では，LD と呼ばれる子どもは，学校社会においてどこにいるのだろうか．まずはじめに，現在の学校教育での位置づけを確認しておきたい．日本の場合，いわゆる LD 児と考えられる生徒は，以下に述べるように，大きく 3 種類に分けられる．特殊学級に在籍して指導を受けている者，普通学級で指導を受けながら言語障害または情緒障害特殊学級などに通級している者，全くそういったサービスを受けず普通学級のみに在籍している者，である．こういった軽度の障害の子どもに対する受け皿が，現在の学校教育の枠組みでは十分整っていないのは事実である．
　たとえば，米国とわが国の LD 教育を比較してみると理解しやすいだろう．米国では，各州ごとに LD 児の扱いは異なるが，LD への対応が早くから積極的に行われている．1996 年 8 月に直接視察したアリゾナ州チャンドラ（Arizona, Chandler），およびカリフォルニア州サンディエゴ（California, San Diego）を例にあげると，LD 教育に力を入れる学校，各生徒の特性に合わせた補償プログラムの実施，職業を身につけるための配慮がなされたプログラムが積極的に取り入れられた高校など，学校によって特色あるプログラムが数多くみられた．また，個別教育計画（Individual Education Program, IEP と略）とよばれる 70 頁にもわたる詳細なマニュアルに従って，生徒の特性を把握し，その必要に応じた教育のプログ

ラムが組み込まれている．それは，米国では特殊教育が，合衆国の連邦法だけでなく，州の法律によって規定されるためである．また米国では10％から15％と決められている特殊教育の対象者の枠が，日本では約1％に定められているといったことも，こうした軽度の障害の子どもへの対応の不十分さを生む原因のひとつとなっているといえる．それ以外にも，日本と米国の障害観の違いといった，文化的な問題も重要な要素である[2]．

わが国の特殊教育制度は，1947年に制定された学校教育法にもとづいて，制度の整備が進められ，1993年には，通常の学級に在籍する軽度の障害のある児童生徒が，通常の学級で教科などの授業を受けながら，特別の指導を特別の場で行う「通級による指導」が実施された．文部科学省は，2001年1月15日に「21世紀の特殊教育のあり方について―1人1人のニーズに応じた特別な支援のあり方について―」の最終報告を提出している．その前文において，「特殊教育」という名称が，「特別支援教育」に変更になることが報告されている．この変更の理由に，これまでの盲・聾・養護学校および特殊学級による特殊教育に加えて，LD児や注意欠陥・多動性障害（ADHD）児など，通常の学級に在籍しながら特別な教育的支援を必要とする児童生徒への対応も積極的に行うこととするという説明が脚注でされている．この特別支援教育は，LDなどを意識した教育がその契機となっているのである（上野，2001）．そして，通級学級での指導は，一人ひとりの能力，特性に応じた教育を進め，問題点の改善，未発達部分の促進を図り，学校生活や日常生活に自主的に参加できる子どもを育てるといったことが行われている．

ここで紹介する非営利団体が行っている英語教室の指導も，生徒一人ひとりの特性に応じた個別的な指導を行っている点で，通級学級の指導と似たものである．ではなぜ，このような場が必要とされるのであろうか．学校教育のなかでの通級学級での指導では，需要に対応しきれていないというのもひとつの要因であるが，学校だけの問題でもない．「保護者側の意識の急激な変化」と「変わらない

---

2) 米国での指導の実際を含めて，詳しくは（福留，2000）を参照されたい．

学校の体制」という両者のズレを埋め合わせるために，このような学校教育の枠を越えた個別的な学習指導の場が必要になったのである．保護者のことばをここで紹介する．

「教室の中では，担任の先生のわずかな支援で，授業の意味がわかったり，友だちとのトラブルが少なくなったりもします．しかし，担任の先生や学校がどんなにがんばっても，学校という枠の中だけでの支援では，社会人となって自立していくためには不十分です．地域と連携を持ったネットワークのなかで，さまざまな学習や体験をできることが必要です」（LD児の親の会「パレル」2001年7月講演会の紹介文より）．

2. 指導の実践から見えてくること

まず初めに，LD児向けの英語教室が始まるまでの簡単な経緯を説明しておこう．LD児全般の理解，とりわけ読み書きに障害をもつ子どもの理解を深めるために，1996年4月，東京のある非営利団体が「ディスレクシア理解セミナー」を開催した．そこに集ったのは，学校関係者，保護者，研究者など，さまざまな立場の者であったが，学習面で困難を抱えた子どもへの支援が，学校や塾といった場所では不十分であるという思いは共通であった．そして参加者のなかの有志が，「ディスレクシア研究会」として活動を開始し，同年「LD児の教育を考える会」へと名称を変えた．ディスレクシアと英語教育という視点は日本ではまだ未開発であったため，どういった方法でこういった子どもを理解し，手助けしていったらよいか，手探りのなかで話し合い，勉強会が続いた．こうした実際に指導がどうあるべきかの視点からの独自の研究会をきっかけに，「子どもへの指導を実際に始めてほしい」という保護者の強い希望もあり，1997年10月，英語が苦手なLD児および近接領域児の小・中学生を対象に，フォニックスという教育方法を取り入れた学習指導が始まった．現在も，中学校の英語の授業ではなかなか行うことのでき

ない個人対応の指導実践が続いている．

　2002年1月現在，この教室に登録されているのは中学1年生1名，2年生3名，3年生2名の計6名の男子生徒である．レッスンは原則として月2回，土曜日の午後3時から5時で，授業は個別指導とグループ指導で構成されている．前半の1時間は，講師と生徒の1対1の個別指導で，その生徒の学習進度，理解の程度，性格などを配慮しながら，手作りの教材を用いた指導が行われる．それに続いてテーマを設定した30分のグループ学習が行われ，最後に講師と生徒を交えたティータイムがある．

　では，2001年11月に行われたグループ学習の一場面を少しのぞいてみよう[3]．その月のグループ学習のテーマは，「月の名前」であった．この日は生徒1名が欠席であったため，5名の生徒（A～E）が机を囲み，月の名前を使ったゲームが始まった．1から12までの数字として利用するトランプ，季節がわかるようなイラスト，単語を2つまたは3つに区切ったカードの3種類の教材を用いたゲームを行った．まず初めのゲームは，カルタ取りのようにカードを取り，組み合わせて1つの単語をつくる．取れたカードに応じて点数が入り，生徒間で点数を競いあう．注釈（＊）を入れながら，紹介する．

◆「月名にチャレンジ」
・T講師（以下，Tと略）「月の名前の確認をします」
　　＊まずは，講師が言う日本語の月名に対して，生徒が英語で答える月名の復習が始まった．
・T「1月」，生徒全員「January」，T「OK」
・T「2月」，生徒全員「February」
　　（中略）
・T「12月」，生徒全員「December」
　　＊ときどき「忘れた」なんてつぶやく子どももいるが，どの生

---

3) 英語の指導の詳細および英語教室全般について知りたい方は，（深谷,1999）（牧野,2001）を参照されたい．

徒も口で言うことは可能である．

◇さあ，ゲームの開始
- T「まず最初の音を注意してね．あとはどうでもいいからね」
- T「D君はお休みが長かったから，これで5点ね」
    *こういう特別ルールも，子どもの間で自然に受け入れられる．
- T「1回見てごらん」
    *理解が遅い子どもたちなので，必ず1回実際にやって見せるのがコツである．気まぐれなB君は，「やりたくなったら，途中で参加していい」と言って，はじめは席につかず，フラフラしている．
- T「いきます」
- T「July」
    *講師が読み上げる英語の月名を探して，パンパン子どもの手の元気な音がする．
- T「はい，5点獲得」
- T「次は，December」
- T「みんなバラバラにとってますね」
    *|De||cem||ber|と3つに分かれたカードを別の子どもがとった．
- E「あ，これか．3枚とらなくちゃいけないの」
- T「OK．5点獲得」
- T「まだこれからわかりませんからね．みんながんばってください」
- T「April．April．……」
    *10回以上繰り返す．子どもがカードを見つけるまで，何度も繰り返し発音してみせた．
- B「なーんだ．無効か．これも無効ね．無効が多いね」
    *同じ生徒がカードをそろえないと，無効になるのである．途中から加わったB君も，いつのまにか積極的だ．
- T「D君もがんばって．両手を広げて．D君，D君いくよ」
    *一人ひとりを気づかいながら，ていねいに授業は進められていく．

- T「October」パンパンと元気な音がした．
   （中略）
- T「じゃあ，次の点数がたくさん取れるゲームに移ろう」
- T「B君は何をもってる」
- B「March と April」
- T「じゃあ，March はどんな文字がある」
- B「M と A と R と C と H」
- T「OK．March」
   （以下，省略）

　30分のグループ学習の時間に3種類のゲームが取り込まれている．ひとつは，カードを組み合わせて1つの単語をつくるカルタゲームであり，二つ目は，その単語に含まれるアルファベットの文字を黒板に書き出しながらの確認，そして三つ目は，季節ごとに区切られた絵（イラスト）と月名を合わせるものだ．このように月名の記憶の安定を図るために，多くの方法が取り入れられている．
　グループでの学習が終わると，ティータイムである．お菓子を食べながら，学校のことや最近あったことなど，生徒と講師が一緒になってくつろいだ雰囲気で話す．この日も，学校の出来事が中心に話された．そんななか，生徒の一人は「今日はパスしていきます．お茶だけ飲んでいきます」などと言いながら，先に帰った．講師に「また来週ね」と声をかけられると，振り返ってうなずいていった．規則に縛られない，自由な空間である．
　この英語教室に通ってくる子どもたちは，「聞く力」と「読み書きの能力」のギャップが大きい．音でわかっても，文字で確認できないことがある．その他の特徴としては，記憶の保持が苦手であったり，視覚的な間違いをしやすいこと，集中できる時間の短さなどがある．そうした子どもを対象にしたグループ学習の目的は，ゲームを取り入れ，仲間との楽しい雰囲気のなかで学習の動機づけを行うことである．また，体でリズムを感じながら，多感覚を使った学習で個別の指導の定着を図る．個々に講師に助けられながら，全体の流れについていく練習といった意味もある．指導の工夫には，身

近な体験，具体的なものと関連づけて指導するイメージ訓練といった方法がとられている．動きを使って，注意力が散漫になりやすい子どもの集中力を高めている．

　この教室での教育方法の特徴は，①共感にもとづいた教育，②好奇心を引き出す，③身体を使って学ぶ，④音から思考へ，という4つあげられる．一人ひとりの状態に応じた教材を用意し，カルタ，魚釣り，銀行やさん，ビー玉，おはじきといった子どもの興味を引くような豊富な道具を用い，大人と子どもが一緒になって，プレイやゲームを楽しんでいる．フォニックス教材を中心に用いているが，その特徴は，「眼と耳と手」で綴り字と発音を結び付けて学べる画期的な英語学習教材であるという謳い文句である．その最終目的は，生きる力を育て，コミュニケーション意欲を育て，コミュニケーションのマナーを自然に身につけさせることができることだという．この最終目的に達するかどうかは，講師の間でも意見の分かれるところである．こういった目的にかなうものは，フォニックスという教材に限られるわけではないことも確かである．しかし，子どもと大人が対等に語り合ったり，ゲームを行ったりすることで，気持ちがわくわくするような教育体験をもつことができるといえる．これは，大人と子どもが一緒に成長しているということを実感することができるともいえる．

　「間違えてもいいんだよ．間違えたら直せばいいんだから」
　「先生だって間違えることもあるんだから」
　講師がこう呼びかけると，子どもはほっとした顔をする．子どもの方が，講師たちへインタビューをしてまわったり，講師たちへ質問して答えさせるという形式も，子どもたちにとって新鮮である．この英語教室で，子どもの状態にあった細かな指導を重ねることで，子どもたちは生き生きとした表情を取り戻し，子どもから「勉強をする」と言い出したり，「学校が楽しい」と言えるようになった例もある．講師自身も，子どもたちとのかかわりを楽しみ，共に成長し，喜びを分かち合っている．

　こういった学習指導場面から説明できることはいくつもあるだろう．この英語教室をとおして，医学的には驚くような言語能力の成

長もみせた子どもいる．しかし，より顕著にみられる変化は，子どもが自分に自信をもったり，生き生きとした表情を見せるようになったり，物事を前向きに考えるようになったり，将来について希望をもつようになるといったことであった．これはフォニックスという教材だけでなく，大人との親密な人間関係が，子どもの変化を促進したことが推測される．この教室は，英語教育という目的を第一に掲げているが，実は個性あふれるLD児の一人ひとりの自己教育を行っているともいえる．

3. LD問題について考える

3.1. 自己を育てるとは：「一般化された他者」から「普遍化された他者」へ

　ここでは，米国の社会心理学者ミード（Mead, G. H., 1863-1931）の言説を手掛かりにしながら，子どもの「自己育て」について少し考えてみたい．

　ミードは，自己や精神といった人間の内面的な現象について，個人という単位ではなく，個人とその周囲の他者との関係を単位にしたミクロな社会を出発点に置いた．そして，発達や学習という現象をみるとき，他者との役割取得という概念から説明する．彼は，自己の社会性と人間の主体性を同時にとらえることに関して，自己についての二つの側面，主我「I」と客我「me」のかかわりから成り立つことを説明する．彼のことばを借りれば，「I」とは「他者の態度に対する生命体の反応」で，「me」とは「他者の態度の組織化されたセット」である（ミード，1973）．

　ミードは，自己発達について，「プレイ（play）」から「ゲーム（game）」へと移行する子どもの遊びにおける役割取得という具体的な例から説明している．そこで展開される主な論点は，「他者の役割取得（taking the role of the others）」である．子どものプレイという行為に「自己の生成」の最初の段階を観察することができ

るという.

　ミードは，人種問題，都市問題などの解決のために具体的に行動し，実践および教育活動をとおして，こうした理論を打ち出した人物である．彼は，19世紀末当時の米国の学校教育のあり方に厳しい批判の目をもち，デューイ（Dewey, J., 1859–1952）と共に，シカゴ大学実験学校での授業に当初（1896年）から積極的に関わり，シカゴ養護学校とシカゴ大学の提携（1900年）などにも関わっている．彼は，こうした実際的な教育活動をもとにして，学校教育においては，遊びをとおして，他者とのやりとりの場面を活用しながら，子どもの自発性を育てるべきだと主張したのであった．また，学校教育において，より大きな社会の発展へと結び付いていくことを意識していくことを強調した．すなわち，学校が外の社会に開かれたものであることを目指すべきであるというのである．したがって，彼の自己論において，「me」を形成する他者とは，親，兄弟，教師，遊び仲間などの身近な存在から，地域社会の人々，国家社会の人々，国際社会の人々へと拡大されていく．このように範囲が拡大すれば，他者の態度にズレが生じてくるが，この複数の態度をまとめ，組織化し，一般化して，「一般化された他者（the generalized other）」を形成するのである．ミードの概念において，この一般化された他者は，キーワードである．

　一般化された他者とは，彼の普遍性の議論や共同体のパースペクティブ概念にとって欠かせないものである．この一般化された他者は，場合によっては境界をもった特定の共同体や文化という枠の中にとどまるものかもしれないが，最も高度で抽象的な，すなわち最も普遍的な一般化された他者は，過去と現在のあらゆる共同体や文化の成員の態度を組織化したもの（＝これを「普遍化された他者」と仮に呼ぶ）になるのである．この普遍化された他者は，個人が受け入れ共有できるような人間的なパースペクティブといえる．ミードの議論では，未熟な自我がプレイやゲームをとおして，より洗練された自己へと発達し，最終的に一般化された他者を獲得することを目標とするのであるが，筆者は，その先に普遍化された他者を設定することを提案したい．

21世紀の現代社会において，普遍化された他者の意味するところは何であろうか．それは，学校教育の目指すところをどこに置くかという問いにもつながる．広辞苑を調べれば，「一般」については「広く認められて成り立つこと，ごく当たり前のこと．すべてに対して成り立つ場合にも，少数の特殊例を除いて成り立つ場合にも使う．⇔特殊」であるのに対して，「普遍」とは，「あまねくゆきわたる．すべてのものに共通に存する．宇宙や世界の全体について言えること・ある部類にあらゆる事物に共通な性質についていう語．『特殊』に対する語であるが，その関係は相対的」であるという．自己教育の最終目的があるとするならば，一人ひとりの生命体としての人間に共通にあるものに，互いに気づくことであり，子どもと大人が，共通にもつ「もの」に語りかけ，発見し合うことであると考えることができる．したがって，「排除」の意味合いをもつ「一般」ではなく，「普遍」の言葉がふさわしい．

　いじめや不登校などを含め，何か問題が生じたとき，その原因を（その子ども本人や担任の教師，保護者といった）ある個人の内側に求めがちである．ましてや学習の遅れといった現象については，その子どもの内部のみに原因を押し付けて，問題を解決しようとするのが自然のようにも思われる．しかし，本当に学習の遅れという現象について，個人に問題を還元してしまっていいのであろうか．

　学習の遅れという現象をどうとらえるか．同じ方法で教えても学べない子どもがいたとき，その現象を子どもの側のみに原因を求めるのではなく，教師の側が教え方を変えてみたり，理解ができている友人の力を借りたり，その子どものまわりを変える努力をしてみること．学習の遅れという現象をマイナスとしてとらえるのではなく，異質なものを認め合う社会づくりのきっかけとしてとらえられないだろうか．一人ひとり顔が違うように，一人ひとりの学び方，感じ方は異なる．一人ひとりの生命を大切にすること，弱い部分は周囲が支えていくということ．学習の遅れという現象が，心の教育の基本を教えてくれる．

3.2. コミュニティへのまなざし：ミード理論の可能性

　学校教育は社会の反映であるから，学校が変わらざるを得ない背景には，社会の変化があることはいうまでもない．生徒や社会の急激な変貌が，今までの学校の伝統的な方法の見直しを迫っている．激しく変化する現実を前にしては，過去の経験の蓄積だけでは対応できないのである．こうしたなかで，LD児を含めた子どもを支える社会は，21世紀の新しい時代にどういった方向を目指していったらよいのだろうか．ミードの言説を手掛かりにしながら，障害児を支えるコミュニティについての考察を行いたい．

　そもそも，コミュニティ（community）とは，ラテン語では「仲間であること」を意味する．ミードによれば，コミュニティとは，コミュニケーションと経験を共有する人々に共通の世界のことである．そしてコミュニティは，個性や自発性，個人的関心や創造性といったものを導き出し，またそれらが契機となって，常に変化し，拡大し，再構成されていくものである．問題的状況は，より広いコミュニティの形成を通じて乗り越えられるようになるという．すなわち，ある問題が生じたときに，その出来事をプラスにとらえ，個人を変化させようとするのではなく，社会の側から変わっていこうとするのである．問題解決は，それぞれの人間が，独自性，創造性を生かしながら，他者との共有意味世界をより広く生成していくという彼の考えに，現代のコミュニティ論として注目したい．

　コミュニティとは，大人と子どもの間にコミュニケーションが生じ，両者の自己生成が行われる場であり，両者の関係が一方向でなく双方向の関係にある．言葉を変えれば，大人が子どもに教えるというだけでなく，教えることで大人も学んでいくという，共に学び合う集団といえる．よって単なる地域社会とは異なる．共に喜びを分かち合い，共通の意味世界を共有し，何か通じ合う，共時，共鳴できる仲間であり，あえて一言で表現するならば，「協同社会」または「共通意味世界」ともいえるだろうか．大人も子どもも，共に喜びを分かち合い，肩を並べて歩める関係を基礎とする社会がコミュニティであると考える．現在のゆとりのない社会において，こうした大人と子どもが対等に語り合う場がなかなかもてないのではないか．

ある学習集団において問題児とされてしまう例が，LDの子どもたちであった．傷ついた子どもの心を育てていく社会として，コミュニティの役割は大きいだろう．自己や精神といった人間の内面的な現象は，個人内部に固定的に存在するものではなく，社会から，すなわちさまざまな社会的相互作用から個人のなかに生じてくるものであり，精神や自己といったものについて考える際，社会についての考察は必要不可欠である．よってLD問題の背後にある社会問題を，社会学的な知見から述べていくことが重要ではないかと考える．なぜなら，社会学のメリットは，日常世界に対する認識を異化してみせることであるからである．こういった意味で，障害児の発達に関する研究において，臨床社会学的パースペクティブをもっていたシカゴ社会学の役割は大きいように思う．

　ミードは，約一世紀前の社会学者の一人であるが，彼の述べていることは，決して古さを感じさせない．彼は，教育などの実践問題へのかかわりをとおして，法則に反する例外的事象の出現をとおしての科学や理論の発展のプロセスを描いた．彼はまた，科学の知性が，科学の世界に閉じ込められた専門家の専有物にとどまるべきものではなく，むしろ社会の成員すべてに開かれるべきであることを主張している（伊藤，1996）．ミードの魅力は，実際の社会問題に強い関心をもった人物であったことである．ミードの下で直接学んだ三隅は，ミードの行動主義を社会的行動主義ではなく，「問題解決的」行動主義と呼んでいるが，ミードは常に現実の社会問題，教育改革に寄与することを目指していた．よって，ミードの言説をとおして現実問題解決の手掛かりにすることは，決して的外れとはいえないであろう．

　現在の教育現場においては，いじめや不登校などを含め学級崩壊という現象が問題とされている．「学級崩壊」といわないまでも，教師の多くが，自分の学級経営や授業方法に，これまでの経験では解決できない事態が生じてきていることを実感しているという（佐野，2000）．LDという現象は，そんな学校社会のなかで，問題が表面化してきたものの一つである．こうした現象をとおして，教師を含めた大人たちが，心理学や教育学，社会学などの科学的理論の

力を借りながら，自分の関わり方を振り返ることも必要であろう．そして何より，過去の経験の蓄積だけに頼らず，目の前の子どもの姿をとおして，その子どもとのかかわりを修正していく柔軟な姿勢も必要である．1人の問題児の存在が，実は学級にとって，教師自身にとって，新しい社会を生み出すひとつのきっかけを与えてくれるともいえるのである．

おわりに：自分の花を咲かせようよ

　LD児の存在がなぜ1990年代以降，急に問題とされるようになったのだろうか．読み書きの苦手な子どもは，昔からいたはずである．LD児というレッテル貼りがなぜ必要になったのだろうか．LDという名称は，問題を子ども個人のなかに押し込めてしまう危険がある．学習のつまずきという，一見子どもの個人に現われる現象をとおして，さまざまな社会問題が浮き彫りにされる．

　「大変な子で……」先の英語教室に通ってくる子どもの母親が，自分の子どもについてこうつぶやいた．そうした親の見方が，子どもを縛っていることに早く気づかなければならない．確かに「ふつう」と比較すれば，手がかかる子どもたちともいえよう．しかし，この教室の講師は，他との比較ではなく，子どもを全体として受けとめている．一人ひとりの状態に応じて，大人の側の柔軟な対応がとられる．そして，子どもの可能性を信じ，いつとはわからないまでも，その能力が花咲かせるときを待ち，その子どもにとって効果的な指導法を探りつづけている．そうした共感的関わりの結果，保護者から「勉強する楽しみを初めて知ったようだ」というコメントも得られた．この英語教室には，なぜ子どもが楽しそうに来るのか．「何か来ちゃうんだよね」といった生徒の言葉を聞いた．高校生になって学習教室を卒業しても，遊びにきてしまう不思議な場所である．

　LDを含め障害児の発達を考えると，人間と人間との共感，あら

ゆる存在への愛のまなざしという教育の原点について考えさせられる．LD児が問いかけることは，現代社会の抱える病理を気づかせてくれる．他者の痛み，弱いところを認めることで，自分自身の痛みにも優しくなれるのではないだろうか．LDという現象をみていると，このような子どもを排除している教育現場の実態がみえてくる．「分ける」「追い出す」のではなく，「違い」を多様な個性として認め合う場として，この小さな英語教室も障害児の心を支える貴重な場であり，コミュニティの一つといえるであろう．このような子どもの存在は，他者との違いを受け入れ，自分の能力に気づく大事なきっかけを与えてくれる．そして子どもの自己形成とは，実は大人の自己教育の問題にもつながっていくのである．

21世紀の新しい時代の「コミュニティ」の意味するところは何だろうか．これは，自己発達の最終目的は何かという問いにつながる．人間の一生が，永遠に続けられる自己発達の過程と考えるならば，人は限られた人との出会いのなかで，人間としての自己の完成に向かう．死ぬ瞬間まで続く自己発達の過程のなかで，すべての出来事が普遍化された他者を見出すまでの，必要な過程としてとらえられる．そして，自分の花を咲かせるのを支援するのがコミュニティではないか．人によっては，日向を好む者，日陰でもしぶとく生き抜く力を持つ者，愛情という水分をいっぱい必要とする者，一人ひとり必要なものは違う．けれども，「自分の花を咲かせたい」という思いは共通であろう．一人ひとりの違いを大切にし，一人ひとりの生命（いのち）を輝かせる社会とは，他人との比較，「普通」か「異常」かという外からの基準でなく，自分の内側から沸いてくる何ものかの声にしたがって，自分の花を咲かせることではないだろうか．

また，取り上げた英語教室の活動をとおして強く感じることは，学校や家庭という枠を越え，大人自身が子どもと共にどんな社会をつくっていきたいのかについて真剣に考える時代になっているのではないかということである．外的にも内的にも豊かさを感じられる福祉コミュニティの実現には，学校も，家庭も，地域も変わらなくてはいけないだろうし，こうした社会の状況に応じて学問も変わっ

ていかなければならないだろう．子どもを取り巻く一人ひとりの大人の側に，意識改革が求められている．ミードが目指した「理性主体のユートピア」が，21世紀の今なら実現可能な気がしてならない．

<参考文献>
深谷計子・平井由美子，1999,「学習障害児とその近接領域児の英語におけるつまずきと指導」『聖路加看護大学紀要』25：68-79.
岡野(福留)晶子，1998,『自己発達と社会的相互作用論：「LD（学習障害）」教育に見る１つの問題提起』早稲田大学大学院人間科学研究科博士学位論文.
―――，2000,「LD（学習障害）教育についての社会文化的考察」『福祉文化研究』vol.9：35-45.
東山紘久・綾部捷，1993,『21世紀の障害児教育とこころ』ミネルヴァ書房.
小林一穂・伊藤勇，1996,『人間再生の社会理論』創風社.
牧野留美他，2001,「学習障害児および近接領域児に対する英語の学習支援」『安田生命社会事業団助成論文集』通巻第36号.
G. H. ミード（稲葉三千男他訳），1973,『精神・自我・社会：社会的行動主義者の立場から』青木書店.
―――（小川英司・近藤敏夫訳），1990,『個人と社会的自我』いなほ書房.
三隅一成，1975,『行動科学と心理学』産業能率短期大学出版部.
小川英司，1992,『G. H. ミードの社会学』いなほ書房.
大村英昭，2000,『臨床社会学を学ぶ人のために』世界思想社.
佐野正之，2000,『アクション・リサーチのすすめ：新しい英語授業研究』大修館書店.
上野一彦，2001,「『21世紀の特殊教育の在り方』最終報告の意義：LD教育の視点からその影響を考える」『LD（学習障害）：研究と実践』9(2)：50-55.
湯浅泰雄，1995,『共時性（シンクロニシティ）の宇宙観』人文書院.

第8章

女性性と人権
―― 何が「正しい」セクシュアリティなのか？

柳原良江

はじめに
1. セクシュアリティの概要
2. 男性中心主義とセクシュアリティ
3. セクシュアリティにおける諸問題
4. セクシュアリティと人権
5. 性の自己決定
6. 生殖の自己決定
おわりに

はじめに

　近年，さまざまな領域で旧来の性差や，男らしさ・女らしさに関する研究が積極的に行われ，現実の社会でも，雇用機会均等法をはじめとして，性別にはこだわらない風潮が一般的になりつつある．けれどもその一方，ことセクシュアリティの問題となると，昔ながらの性別役割を強調する主張は今も根強く繰り返される．もちろん，性差別を信じて疑わない戦前のような表現は減少したものの，たとえば，女らしさを母性と，男らしさを父性と結び付け，家族の解体を危惧する立場から性別役割分業を強調する言説にみられるように，表面には出てこないながらも，古典的な認識がさまざまな現象に形を変えて存在しつづけている．

　これは，ふだんは男女同権を信奉する人間であっても変わらない．性差別問題には理解を示す人間でさえ，感情的な好き嫌いを先行させ，論理的な思考を停止させて善悪の判断を急ぐ場合が少なくない．そこでは性差別が常識であった時代に形成された古い価値観が，はばかられることなく引きずり出され，検討される余地も与えられず，判断の根拠として堂々と用いられている．しかしながら，これら過去のセクシュアリティ概念や，それに対する価値観が，時代を超えてまで「正しい」とみなされる根拠は何であろうか．多くの人は，古典的なセクシュアリティ概念を，単に今まで認められてきたというだけの理由で，あたかも絶対的なものと思い込み，そのなかに存在する性差別的な見識も含めたすべてを鵜呑みにしてしまっているのではないか．

　この疑問を解きほぐすべく，本章では，まず一般的には曖昧な理解にとどまっているセクシュアリティ概念について説明し，現実にそれが有する社会問題をいくつか取り上げながら，そこに内包される認識の偏在を明らかにしていく．そのうえで，過去に説明されてきたセクシュアリティ概念が，実際にはいかに脆く，根拠に乏しい

ものであるかを示し，短絡的な「正しさ」のみを追い求めようとする安易な認識に対して，疑問を投げかけていきたい．

1. セクシュアリティの概要

1.1. 性別とセクシュアリティ

　人間はまず性別で区別される．人間を分類する方法にはいくつもの基準があるが，それらのなかで最優先されるカテゴリーが男女の別であり，その後に行われる社会化は，性別に従って行われる．この際に用いられる身体的区別を「セックス」と呼ぶ．セックスが生得的な差異であるのに対し，成長過程で社会的に形成される性的差異を「ジェンダー」という．これは身体上の性的特徴と異なり，個人の有する特徴とは関係なく，社会からの影響により，個人を女性的または男性的に変容するよう促していく．人はまずセックスで性別を決められ，そのセックスに従ってジェンダー化され，結果として内面の性と身体の性の一致する人間がつくり上げられる．しかし，男女の違いとされるもののうち，どれが生まれつきの「セックス」で，どれが社会によって形成されたものなのかという疑問に対しては異なる意見が複数存在している．性差の概念に対するより詳しい説明は次章に譲るが，明確な統一見解は，現在でも存在していないといえよう．

　同様に，セクシュアリティの概念も明確には決定されていない．一般的な認識としてのセクシュアリティは，性欲や，それに伴う性的指向（sexual orientation）をはじめとした「性的な事柄」を指しているが，そのなかから具体的にどの意味を指すのかは言葉の用いられる文脈によって異なっており，多くの人にとってセクシュアリティとは，何かしら性的な特質を有する事物を指し示すものとして漠然ととらえられたものとされている．

　しかしながら，セクシュアリティという言葉には，ジェンダーと異なり，程度の多少はあっても身体に基づいた「本能」によって引

き起こされる事柄であるという共通理解が存在する．セクシュアリティに関する事柄を述べる際，その根底に存在する「男性の性欲は本能であり理性とは関係ない」という主張や「男と女は体の構造が違うのだから，男と女は性的関係においても，ある程度の力学的な差を免れない」という意見は，その観念の代表である．けれども，ジェンダー研究が進むにつれて，生物学や医学で論じられるような，身体構造に依存していると思われていたセクシュアリティも，社会から多くの影響を受けている構造や現象であることが解明されてきた．その流れのなか，主に人文・社会科学に携わる論者により，セクシュアリティの定義を，それまでの生物学，医学的思考重視の文脈に依存したものではなく，もっと幅の広いものとして根本から問い直すべきだという主張も行われている．その結果，セクシュアリティは，一般的な理解よりはるかに多義的な概念を包括する言葉と考えられるようになり，セクシュアリティは不定形であって明確な定義は不可能とみなす意見も提唱されている．結果として現在でも「セクシュアリティ」の最大公約数的理解としての意味は，「性をめぐる観念と欲望の集合」（上野，1995：2）や，「欲望を創造し，組織し，表現し，方向付ける社会的プロセス」（ハム，1999：299）といった認識に存在するといえるだろう．

1.2. セクシュアリティの歴史

　セクシュアリティは，歴史的背景を含め，社会の影響を色濃く受けた概念である．特に，近代における，西洋を中心に行われた変容は大きく，特筆すべきものがある．

　西洋では，近代以前から，女性は「自然」と関連づけて概念化されてきたが，17世紀に機械論的自然観が登場すると，自然が（同時に女性が）科学者（男性）によって支配されうる受動的な存在であると規定された．さらに，ベーコンの自然観やデカルトの合理主義的二元論は「自然（女性）＝理性なき存在」に意味を付与する力をもつ主体（男性）という性別化されたメタファーを確定していった．18世紀になると，女性の身体を，それまでのアリストテレスやガレノスの学説に沿って「男性器官の劣化したもの」とする考え

から，「男性とは全く異なる存在」とみなす考え方が普及し，この思想が，19世紀にかけて，女性を社会的に排除する際の理由として用いられた．その際の考え方は，「女性の存在様式は生殖器官に，とりわけ子宮に依拠する」という言葉に象徴される．当時の社会では，女性は生殖器によって決定される存在であり，生殖器でなく理性で考える男性と比較して劣位の存在と考えられていたのである（笠間，2001：5）．やがて19世紀後半になると，日本も含めて世界的に，男性中心的な価値観に沿いながら，科学的とみなされる手法を用いて性を解釈する「性科学」が普及した．ここではまず性的差異を「自然」で「根元的」なものとみなして，性の様式に「正常」なものを設定し，それ以外を「逸脱」として排除した．また男性の性的衝動を，それ自体が生物的本性であるから，女性を社会的に支配する根拠であると主張し，家父長制維持に貢献する役割を果たしていった．この思想は米国で女性運動が活発化するまでそれほど疑問視されずに続いていく．

　1960年代後半になると，現在では第二波フェミニズムと呼ばれる女性解放運動が米国を中心に行われ，女性の側から自らの経験に即したセクシュアリティの議論が盛んに行われた．そこで，かつて男性中心的な権威によって規定されてきた女性のセクシュアリティは疑問視され，性科学者の言説やフロイトの生物学的決定論に内在する，ジェンダー化された思想が激しく批判された．1980年代に至ると，今度は，もはやセクシュアリティにおけるジェンダーの「存在」ではなく，「影響量」が問題となった．主に，セクシュアリティとジェンダーはどれだけ関係しているのか，どこまでが後天的に形成された性差で，どこまでが身体的な性差なのか，という疑問が問題の焦点となった．「セクシュアリティ」概念定義の場合と同様，この論争も明確な解答が得られないまま続いているが，議論の大まかな方向性として「セクシュアリティは，かつての想像よりも，はるかに大きくジェンダーの影響を受けている」という見識については，疑う余地はないといえるだろう．

2. 男性中心主義とセクシュアリティ

2.1. 男性中心主義

「セックス」による差異がどれだけ些少であっても，セックスでの区別に基づいて，教育や生活経験のなかでジェンダー化され，増幅されていく過程により，結果として，実際に人々が実感しうる大きな差異がつくり上げられる．だが，差異が存在するとしても，そのどちらかが劣っていて，どちらかが優れているという価値判断はまた別の行為であるのに，一般的には，どちらか一方，たいていは男性の性質が優れたものとされるし，社会構造も男性的な特徴に権力や地位が保持されるよう形成されている．たとえば心理学では，学習能力の性的差異が，脳の構造を元に説明されるが，ここでは現在の学問に対しては，そもそもそれらを構成する概念が男性にとって有利であるという現実が無視されている．政治経済を学習する際に，政治理念における家族概念の存在価値を重視したり，歴史学において女性運動家の運動史を詳細に学ばせたり，それらの背景を女性の生活体験から学習すれば，その学習効果は現在とはるかに異なってくるだろう．現在の学問を含めた多くの思想は，男性が男性の経験の元に形成してきたものであり，そこから女性の経験は除外されている．生涯独身を貫き，女性と現実的関係をもたなかったカントが，自らのなかでつくり上げた虚構の女性像を踏まえた著書の内容を学ぶ際，それを女性である側の人間は，いかにして理解すればいいのだろうか．そこには読者を，一定の経験を有する「男性」に想定するという表現上の偏りがあり，決して女性としての経験を有する存在に対して中立的な表現とはいえない．もちろんこのように偏った表現に対して行われる評価が，正当なものではあり得ないのはいうまでもない．

学問の領域にとどまらず，最もリベラルとされ，男女差別にも批判的であったはずの運動家にも，性に対してはきわめて保守的な考

え方がなされてきた．米国ではヴェトナム反戦運動の際や，わが国でも大学紛争が行われていた最中には，それらの運動に参加した大学生女子は，同等の立場だと思っていた男性の同志が，自らは運動の策略を練る一方で，同志の女性には食事の用意を含めた雑用をさせていた事実は有名である．権力を批判してきた彼らもまた，昔ながらの性差別を当然と考えていたのであり，ここには男性支配が，当事者である男性にとっては全く意識をしない「常識」のなかにまで貫通している現実が表われている．

　これら男性が自らの特権を当然視し，その特権の根拠を生得的なものと信じて疑わない認識の仕方を「男性中心主義（Androcentrism）」という．サンドラ・L・ベムによると「男性中心主義」は，男性や男性の経験をその文化や種全体の中立的な標準ないし規範とし，女性や女性の経験をそうした誤って普遍化された基準からの女性特有の逸脱とみなしている（ベム，1999：45）．ひとつ例をあげよう．女性に特有の考え方に際し「女心は複雑」と表現される場合がある．このように表現される心理は，当事者である女性にとってはごく当然の心理であり，とりたてて複雑なわけではない．難解に感じるのは，男性であるかぎり遭遇しない「女性」としての立場にいる人間の心情を，自らに省みる作業が必要となるためである．他者の思考を想像せず，「複雑」という言葉で表現するにとどめるこの表現には，男性が自らの理解できない思考を「逸脱」ととらえて言い逃れしようとする怠慢の心理が存在している．このように男性中心主義においては，他者化が行われないだけでなく，「男性」である自分たちにとって理解できない事柄を，常に男性の立場に引き寄せて考える．その結果，他者である女性に関する事柄は，「男性」は自分たちにとってどんな意味をもっているのか，とか機能的にどのような意味であるのかという，利己中心的な方法でとらえられる．そして「女性」を，性的欲望を刺激し満足させる能力からのみ定義したり，家庭のなかで家事や生殖機能を有する存在として定義し，それを社会の常識的見解とみなしてきたのである．

2.2. 男性中心主義の現実

　男性中心主義は、セクシュアリティのなかにも根強く存在している。一般的な認識において、セクシュアリティはいまだに性科学に代表される過去の言説から脱しておらず、ひとたび性に関する問題が起これば、その弁護や説明に際し古い男性中心的認識が引き出され、それらがあたかも普遍的な正義として堂々と使用される。男女のセクシュアリティ認識の違いが引き起こした問題であっても、常識的、すなわち判断の基準とされる見解は、過去に男性からの認識によって形成されたものが適用される。一方の女性の認識は明確に示されてこなかったために、十分な弁明が行えず、結果的に女性が不当な扱いを受けている場合も少なくない。具体例としては、セクシュアル・ハラスメント（セクハラ）とデートレイプがあげられる。これらはどちらも社会的な男女の地位の違いだけでは割り切れない、セクシュアリティの問題をはらんでいる。

3. セクシュアリティにおける諸問題

3.1. セクシュアル・ハラスメント

　職場や学校で、女性は、女性であるというだけで不利益を被る事態にしばしば襲われる。一般にセクハラは「性的な言動または行為によって相手方の望まない行為を要求し、これを拒んだ者に対し職業、教育の場で人事上の不利益を与えるなどの嫌がらせに及ぶこと」（小野、1998：193）と定義づけられる。このような職場での男性による性暴力は、かつては私的で個人的であるがゆえに些少な問題でしかないと考えられ、社会的に隠蔽されてきたものであったが、米国での第二派フェミニズムにより、その存在が明らかにされ、現在では各国でセクハラの法制化が進んでいる。

　しかしセクハラには、明らかに性行為を迫ったり、いじめや報復の目的で性的な言葉を女性にかけるような、被害者に直接なされる行為だけを指すのではなく、女性に対し性的な差別意識を有した言

動をあからさまにすることで，職場環境を破壊する行為も含まれる．この観点から，社会学的には，セクハラをより広義に「歓迎されない性的な言動または行為により，（女性に）屈辱や精神的苦痛を感じさせたり，不快な思いをさせたりすること」（小野，1998：193）とみなしている．他方，判断の基準が女性の不快感であるために，加害者となりうる男性にとっては，どこまでが不快なのかわからず困惑するという意見も，しばしば主張される．だがセクハラで女性が抱く不快感は，同等の存在としての人権を侵害される行為に対する感情であり，その加害者となりうる男性が抱く困惑は，自らを相手の立場に投影して，相手の人権に思いをめぐらす作業を行わず，自らの性的思考（たいていは女性を性的に自由に扱っても構わない存在とみなす男性中心主義）を唯一正しいものと思い込むがゆえに生じているのではないか．このような男性は，他者である女性との関係性のあり方を省みず，どこまでが不快でどこまでがそうではないと，解答だけを求める思考そのものに問題があるのに気づくべきである．些少ではあっても，差別発言は差別意識の現われである．不快となりうる行為は，その不快の程度には関わらず，たとえそれがどんなに軽微なものでも，すべて不快感を喚起するものである．場当たり的に難を逃れられる程度ならば，不快な言動をしても構わず，自らの性に対する発想に疑問さえ抱かない利己的な思い込みに，問題の根は存在しているのではないだろうか．

3.2. デートレイプ

セクシュアル・ハラスメント概念では，公的な仕事の場における男性中心主義が批判されているが，私的領域に対しても，セクハラと同様，それまで男性には当然であり，それゆえに問題とされていなかった事柄に対して，新たに疑問が呈されつつある．デートレイプはその一つであろう．これは「親しい男女間で一方が相手の合意を得ないまま性交を強要することであり，恋人や友人だけでなく，隣人，同僚，偶然出会って意気投合した人が共にひとときを過ごしたときに生じる性的強要も含まれる」概念である．女性が車に同乗したり，肌の露出が多い服を着てきたこと，男性の部屋に入ったこ

とを，性行為への同意と決めつけ，性行為を強要する事態が当てはまる．米国での調査によると，自らの意思に反して男性に性的なことを強要された経験があると答えた女性の内，その相手が自らの恋人である場合が46%，配偶者の場合が9%であり，半数以上の女性が，恋愛関係にある男性から強要されている状況が示されている（マイケル他，1996：272）．また，オハイオ州アンティオーク大学では，かつて学生の交際に関して「ブラウスを脱がせたいときは，許可を得なければいけません．胸に触りたいときにも，許可を得なければなりません．手で性器に触れたくなっても，許可を得る必要があります．そして指を入れたくなったときにも，やはり許可は得なければなりません」（マイケル他，1996：266）と指示する校則が設けられるなど，昔ながらの性の取り決めを盲信し，それに安住する「ふつうの」男性と，人権意識を有する「ふつうの」女性の間に，性をめぐって大きな齟齬の存在している状況が現われている．かつて「ふつうの」男性が有する，性行為に対して男性が能動的であり，女性が受動的であるとする「きわめて自然」と思われていた行動パターンは，現在では，多くの女性にとって，男性の身勝手な価値観だと考えられているのである．

4．セクシュアリティと人権

　フランス革命で意識されはじめて以来，長い間，すべての人がもっているとされた「人権（human rights）」だが，それは男性である「human」が有する権利でしかなく，女性に人権は認められていなかった．人権宣言がなされた直後から，人権に存在する女性差別は，オランプ・ド・グーシュによって指摘されていたが，社会問題として重視されず，人権の議論の俎上からは外されていた．ようやく女性参政権が認められてからも，権利の平等は形式上でしかなく，相変わらず男性中心的な発想が根底に存在していた．ボーヴォワールは，この状況を指して，男女が同権になったのではなく，女

性を男性に同化するべきだとみなしているに過ぎないと批判を行っている．

　人権概念に組み込まれている性差別意識は，現在でも根本的には変化していない．確かに，過去に比べて制度面では，女性差別は撤廃されたかのように感じられる．しかし，それは女性に属する個人が有する，男性と共通の特質が認められた状態でしかない．非男性としての女性の人権は，男性の人権と比較すると軽んじられ，女性の人権は，男性の人権が保障された，もろい条件の下にのみ成り立っている．たとえば，いったん社会情勢が悪化したり，私的な関係が崩れたりして，多くの男性が自らの身に危険を感じる事態に陥ると，男性中心主義は，堰を切ったようにぶり返す．バブル崩壊後の不景気により最初に職を失ったのは，立場の弱い女性パートタイマーであったし，新卒でも最も就職が困難になったのは女子学生であった．女性側の主張によって，ようやくセクハラや電車内での痴漢への告発が社会的に認知されると，すぐさま「逆セクハラ」と揶揄したり，率としては数少ない冤罪を指す「無実の罪」を，ことさらにもち出したがる男性擁護の論調が活発になり，男性の人権が改めて重要視される．政情の不安定な地域に至っては，事態はさらに深刻である．ボスニア・ヘルツェゴビナで，民族浄化のために強姦が行われた事件は，現在でも，ひとたび秩序が崩れれば，すぐさま女性差別的な意見が疑いようのない主流となる危険性を表わしている．

　わが国に限れば，夫婦別性問題に代表されるような未解決の問題も多いものの，男女雇用機会均等法にセクシュアル・ハラスメントに対する項目が盛り込まれるなど，社会的立場に対する平等については，継続的な改善が行われている．しかしセクシュアリティにまつわる事柄になると，男性には無条件で認められている人権が，女性に認められない事態がしばしば生じている．近年ドメスティック・バイオレンスとして認知されている夫婦間での暴力は，それが夫婦間の出来事で，第三者に干渉されるべきではないとされて不問に付されてきたし，被害者である女性の素行に言及し，男性が怒ってしつけもかねて暴力を振るうのは当然とみなす風潮があり，社会的力を有さない女性は，耐えるだけが唯一の対処法という状況が続いて

いた．裁判の場においても，女性の心理を全く認識できない男性（または男性中心的な価値観をもった女性）が男性の論理の元で一方的に裁く状況は今も存在するし，強姦罪では，いまだに女性の貞操観念が問題とされ，被害者の貞操観念が少ないとされると，被害者にとって「強姦」である行為が「強姦ではなかった」とみなされてしまう．かつては裁判の際，被害者の女性は必ず「どの程度抵抗したか」を問われていた．そして精神的な恐怖を感じていたにせよ，男女間のジェンダー力学が働き，拒めない状況がつくられていたにせよ，身体的な抵抗が行われていなければ，強姦とは認められがたかったのである．また，どのように酷い仕打ちをされようとも，被害者の女性が性風俗業やホテルなど，性的な能力を扱う仕事に従事していたり，他者から「派手な服装」で「男を誘うような態度」をしていたとみなされれば，性暴力が暴力ではないと考えられる状況が，今も「正義」として存在している．

5．性の自己決定

　デートレイプや夫婦間でのレイプなど，性行為に至るまでの過程には，セックスであれジェンダーであれ，多大な権力差がある．それらはたいてい，性の違いを根拠に正当化されているが，その根拠が疑問視され，個人の身体と精神のあり方の決定は個人が行うべきだと考える「自己決定」とそれを行う権利（自己決定権）の概念が浸透し，女性も，自らの性のあり方を自ら決める権利を有するべきだとする主張が盛んに行われるようになった．

　性行為に至るまでの過程における「性の自己決定権」は，上野千鶴子によって「したいときに，したい相手と，セックスする自由を．したくないときに，したくない相手とセックスしない自由を．そしてどちらの自由を行使してもどんなサンクション（制裁）も受けない権利」として定式化されている．しかしわが国では，男性主導の議論の元，この性の自己決定権を＜他人に迷惑をかけなければ何を

してもいい権利>と解釈する動きが目立っている．これらの主張では，援助交際と呼ばれる売春を，少女の自己主張と肯定的にとらえるばかりでなく，時には売春自体を，女性に「もてない」男性を救済するために必要な産業とみなすなど，過去の男性中心的な性の政治構造に何の疑問を抱くことなく，男性の性的衝動を正当化した視点から擁護していた．これは自己決定概念の歪曲であり，こじつけの論理に過ぎない．さらに，セックスワークを単なる癒しの作業の労働とみなす主張は，性行為のなかに存在する女性の自尊心に抵触する部分や，性行為が社会的に有する意味を無理に切り捨てており，現実の女性が置かれた状況を考えず，逆に無理に軽んじたり捨象する点で，男性中心主義による認識から一歩も離れていない意見である．このような偏った認識が堂々と提唱される背景には，たとえ女性の内面の問題であっても（それはたいていは女性にしかわからないものである），男性の提出した論理の方が正しいと考える，男性論者による傲慢な意識と，それを積極的に受け入れる，社会の男性中心主義的基準が影響しているのではないだろうか．そして，性にまつわる議論は，たとえそれがフェミニズム的見識に基づいて提唱されたものであっても，社会に受け入れられ，法制化される過程で，男性中心的な思想に脚色，歪曲され，換骨奪胎が行われる．わが国における自己決定概念の歪曲は，その現象の顕著な例であるといえるだろう．

　しかし，この極端な認識は棄却されるとしても，性行為に至る過程がその行為の中身や結果とも関連して状況を考慮すれば，そもそも性の自己決定を，性行為に至る過程のみでとらえられる一枚岩的な概念にとどめること自体が不適当だと考える方が適切である．この概念に関しては，今後もさらなる議論が必要だといえよう．たとえばアンドレア・ドォーキンは，性交にまつわる言説や現象を取り上げて，性交そのものに女性を劣位に貶める性質があると言及している．そこでは，性交には，女性を支配し，男性優位を主張する性質が存在しており，女性自身が性交を通じて，自らの劣位を認識し，女性の存在に否定的になり，同時に他の女性を貶める影響をもたらすと考えられている．性交でのこれらの現象が，その前後の性の自

己決定に影響することは必至である．それゆえ，性の自己決定とその権利は，性行為において行われる事項も踏まえた，新たな視点からとらえられなければならないといえよう．

6．生殖の自己決定

　最後に，セクシュアリティの結果として生じる「生殖」についても言及しよう．生殖にまつわる議論は，しばしば，その主体である女性を無視し，男性にとって経験することのない「産む主体としての存在」が認識の枠を外した状態で，セクシュアリティとは無関係の，一種崇高なものであるかのように行われる．しかし，生殖のあり方は，セクシュアリティのあり方を直接には示さずとも，セクシュアリティによって投影された像として表われる．生殖は，それらが始まる（性交が行われる，または性交に至る男女関係がつくられる）ときから，実際に子どもがこの世に生まれ出て育つまで，一般的に共有されるイメージである「男性的な認識」よりも，はるかに生々しい現象である．

　女性の生殖の権利は，かつては性の自己決定権を貞操観念や家父長制によって拘束し，女性の体を支配するかたちで奪われていた．近代化が進むにつれて，避妊が普及し，乳幼児死亡率が低下し，女性解放運動の影響も加わって，これらの概念は減退していくが，それと並行して行われた医療技術の発達にともなって，今度は個人の性的なやり取りを経ることなく，女性の体や女性の体の一部分を操作して，女性が有する生殖能力を借用する管理が行われるようになった．

　生殖医療は通常，「科学」の一環として倫理的には正しい文明発達の結果としてとらえられ，その発達を否定する理由はないかのように思われがちである．しかし，この一見ゆるぎない正義に映る意見が，本当に正義なのか考え直す必要がある．正義と高らかに提唱される意見が，実際には医療者や科学者がその権力と権威を保持し

ようとする利己的な主張に過ぎない場合もある．たとえば，生殖医療を受ける患者の女性たちは，現実には子どもができない事実に苦しむのではなく，子どもができないがゆえに被る周囲からの圧力に対して苦しんでいる場合が多い．それなのに，現実に患者が直面する問題を無視して，子どもをつくることにのみ問題解決を図る思想の根底には，彼らが抱く「女性は子どもを産むべきである」，「子どもを産むのは女性の美徳である」とみなす社会通念が影響している．さらに，過度な生殖医療の存在は「医療的処置さえすれば子どもが産めるのだから，女性はやはり子どもを産む存在である」というロジックで家父長制を強化し，女性に対しての悪循環を形成する．そこでは，そもそも生殖医療の「女性でなくても子どもがつくれる」という男性の権力欲のもとで発達してきた側面を忘れ，都合のよい論理だけを用いて，女性には二重の規範を課しながら，自らのイデオロギーを再生産する構造が形成されている．

　また，生殖問題は女性に対する人権侵害にとどまらない．最先端の生殖医療は，成功する確率が低く，多くの人にとっては出口のない治療の苦しみを与え，成功したとしても代理母や遺伝的親の違い，生まれた子の健康面など，新たに直面する問題を数多く有する可能性があるうえ，経済的な格差が個人の生殖する権利にも格差を与え，社会問題が増大される．しかし，男性にとっても深刻なこれらの問題の原因にあるのは，ほかでもない，生殖に対して形成されてきた過去の男性中心的な見識なのである．

おわりに

　セクシュアリティのなかには，男性中心主義が一貫して存在しており，それらの多くは，現在も疑いようのない「常識」や「正論」として取り扱われる．ジェンダーの議論と比べてセクシュアリティに関してのみ，保守的な差別的意見が批判を免れる理由のひとつは，その差別の根拠が，生殖行動を含んだ男女の身体の違いという，否

定しがたい事実に置かれているためと考えられている．けれども，今まで根拠であったはずの差異も，現実には，かなりの部分がジェンダーによって増幅されたものであるし，身体の違いが存在しても，そこに権力的差異が生まれる必要性は説明できない．保守的な意見が依拠するのは，ただ「その方が正しいと思う」とみなす思い込みに過ぎない．だが，主観的には正しいと思われる意見でも，現実をいくつもの面から考察すると，その「正しさ」は当事者が考えるほど大きいものといえなくなってくる．

それでも現実に，男性中心的な価値観は存在し，女性の社会進出が進み，平和と思われる社会のなかにおいても，性や生殖における女性の特質を利用することで，女性への支配や，優位性を保とうとする意識は，維持され，強化されている．当事者はそのような意識は有していないと言うだろう．けれどもそれは，過去から培われてきた差別的な性の言説に疑問を抱かないままに，それらを「常識」や「自然な考え」として本人が内面化した結果である．また同時に，女性の側も，男性と同じくこれらの思い込みを内面化したため，実際にセクシュアリティに関して差別的な扱いを受けたり，それらの社会通念を何となく不愉快に感じても，それが偏った見識に基づく，性差別に根付いたものだとは，明確に意識していない場合が多い．

しかし現実に，セクシュアリティに対する男女の齟齬は数多く存在し，しばしば深刻な事態を引き起こしている．それらの問題に際しては，セクシュアリティが普遍的な概念であるという思い込みをいったん捨てる作業を経る必要である．それは実際に行うとなると，感情的な嫌悪や葛藤を引き起こすつらい作業かもしれない．だが，現実にその問題に接しつつ社会を形成していく当事者として，われわれは過去の言説に惑わされず，自分の力で「正しいもの」を見直す作業を行っていくべきではないだろうか．

<参考文献>
青野篤子, 1999, 「「女性」とは？「男性」とは？」『ジェンダーの心理学』ミネルヴァ書房.
上野千鶴子, 1995, 「『セクシュアリティの近代』を越えて」井上輝子・上野千

鶴子・江原由美子編『日本のフェミニズム 6：セクシュアリティ』岩波書店.
上野千鶴子, 1998, 『発情装置：エロスのシナリオ』筑摩書房.
大越愛子, 1999, 「ジェンダー形而上学批判」大越愛子・志水紀代子編『ジェンダー化する哲学』昭和堂.
小野和子, 1998, 『京大矢野事件：キャンパスセクハラの問うたもの』インパクト出版会.
小野滋雄, 2001, 「生殖技術」『バイオエシックス入門』東信堂.
笠間千浪, 2001, 「ジェンダー秩序による＜セクシュアリティ＞編成とフェミニズム言説：その限界と可能性の分岐点」神奈川大学人文学研究所編『ジェンダー・ポリティックスのゆくえ』勁草書房.
角田由紀子, 2001, 『性差別と暴力』有斐閣.
S. L. ベム（福富護訳）, 1999, 『ジェンダーのレンズ：性の不平等と人間性発達』川島書店.
A. ドォーキン（寺沢みずほ訳）, 1997, 『インターコース』青土社.
M. ハム（木本喜美子・高橋準監訳）, 1999, 『フェミニズム理論辞典』明石書店.
R. T. マイケル・J. H. ガニョン・E. O. ローマン・G. コラータ（近藤隆文訳）, 1996, 『セックス・イン・アメリカ』NHK 出版.

第9章

セクシュアリティと実践
──「ニューハーフ」は男か？女か？

志田哲之

はじめに
1. セクシュアリティとは何か
2.「ニューハーフ」を考える
おわりに：セクシュアリティから見えるもの

はじめに

　ここ10年ぐらいの間，テレビ番組でいわゆる「ニューハーフ」と呼ばれる人たちがたびたび登場するようになった．今，本章を読んでいるあなたも，一度くらいはこのような番組を見たことがあるだろう．

　だいたい番組のネタは決まっていて，「ニューハーフ」たちがコミカルで下世話な話をしたり，勤め先であるバーやクラブで行っているショーを披露したり，妙に感動的な私生活を明らかにしたりといった内容がほとんどである．そしてこのようなお決まりのパターンに加え，お約束として「どこまで女性に見えるのか」が話題に上る．筆者の記憶では，1990年代初頭頃よりこのようなスタイルが続いているので，いい加減マンネリではないかと思うが，いまだにこのスタイルのまま，たまに番組が放映されていることを考えると，それなりの視聴率が得られるのだろう．

　「ニューハーフ」という言葉は，インパクトのある奇妙な言葉で，不思議と耳に残りやすい．ただ，この言葉で呼ばれる当の人々が嫌悪する場合がある．これについてはまた後に述べよう．

　さて，それではあなたは，これらの番組に登場する「ニューハーフ」たちを，「男」だと見ているのであろうか，それとも「女」だと見ているのであろうか，あるいはただ「ニューハーフ」として深く考えずに見ているのであろうか．

　一方，出演者たちに「あなたは男ですか，それとも女ですか」と尋ねれば，おそらく全員が全員，口を同じくして「女よ」と答えるだろう．たとえあなたが「こんなゴツい人，どうやったって女に見えない」と思ったとしても，「これはどこから見ても女だ，男だなんてまったく見えない」と思ったとしても，出演者たちの答えは変わらないだろう．

　果たして「ニューハーフ」は男なのだろうか，女なのだろうか．

この問いは，きわめて素朴な問いだが，またまさにセクシュアリティ（sexuality）の問題関心でもある．性別に関する事柄は，セクシュアリティを考える際に重要なトピックのひとつに数えることが可能だ．本章では，この「ニューハーフ」の性別が，セクシュアリティ研究の視座を用いるとどのように見えるかを考えていきたい．

　構成としては，まずセクシュアリティというあまり聞きなれない言葉が何を指すかについて明らかにする．その際にセックス（sex）やジェンダー（gender）といった，セクシュアリティに関連する諸概念と併せて述べていく．そしてセクシュアリティの視点をもとに「ニューハーフ」という対象から何が見えるのかを考えていきたい．なお，本章では「ニューハーフ」という言葉の使用実践に注目をし，「トランスジェンダー」や「性同一性障害」などの関連する言葉については論じないこととする．

1．セクシュアリティとは何か

1.1．セクシュアリティの語源

　セクシュアリティという言葉を一躍広めたのは，ミッシェル・フーコーである．彼はその著書『性の歴史』で，まさに「セクシュアリテ（sexualité）」を対象とし，今日のセクシュアリティ研究の礎を築いた（フーコー，1986：9）．そしてこの著書で用いられたフランス語「セクシュアリテ」の日本語訳として当てられたのは，「性現象（性行動，性的欲望の総体）」であった（括弧内は訳文のまま）．

　『性の歴史』の訳者によると，フランス語の「セクシュアリテ」は，「セックス（sexe）」から派生した言葉である．もととなる「セックス」は，男女の生殖器官の差異と，その差異に基づく各機能，さらに性器全体を指し，同時に性的本能や性欲の意味も有していたという．そして「セクシュアリテ」は，当初性差をもつという性質を指したが，その後1924年にジグモント・フロイトが著した『性慾論三篇』がフランス語訳される際の訳語として使用され，以降，フ

ロイトの用法に則して用いられるようになった．フロイトの用法において「セックス」は，生物学的・解剖学的現実を表わし，「セクシュアリテ」はセックスから発動するさまざまな本能的衝動や欲望，行動，現象などを表わしている（渡辺守章，1986）．また英語では，それぞれセクシュアリティ（sexuality）とセックス（sex）となり，本章ではこの英語表記を用いることにする．この時フロイトが与えたセックスの定義は，後に大きな影響を与え，さまざまな論議がこの定義をもとに行われた．それというのも生物学的・解剖学的という言葉には，自然や，先天的・本質的，不動性といった意味が内在しており，これによって男女の性差もまた，同様の意味が与えられてしまうとして問題にされたのである．

1.2. セックスとジェンダー

その後，この生物学的・解剖学的現実であるセックスとは別の角度から，男女の差異が主張されるようになった．イヴァン・イリイチによって提唱されたジェンダー（gender）の概念がそれである．ジェンダーは社会的・文化的・歴史的に形成される男女の性差であるとされた．このジェンダー概念を積極的に取り入れ，活用したのはフェミニズムである．社会における男性優位の傾向の理由を，先天的とされるセックスに求めるのではなく，後天的なジェンダーに求めることによってこの傾向の突き崩しを図ったのである．

フェミニズムによるジェンダー概念の積極的な採用は，戦略的にある程度の成功をみたといえる．少し具体的にセックスとジェンダーについて説明してみよう．生物学的・解剖学的セックスが示す生殖器官は，外性器であるペニスやヴァギナ，内性器である精嚢や精管，子宮や卵管，性腺である睾丸や卵巣などである．これらが生物学的・解剖学的現実としての男女の差異であり，この差異が性別の根拠とされる（性染色体やホルモンなどがこれに加えられることもある）．つまりセックスとは，生殖機能に基づいて人々を分別する方法とその結果を意味する概念である．人の性別は，生まれた直後に与えられるが，それはこれらの生殖器官のうちの外性器の形状が根拠とされる．生まれた子どもに対し，外性器以外の生殖器官の確認はされ

ない．これは外性器の形状が男性のそれだと認められれば，残りの生殖器官についても男性がもつとされるものが備わっているだろうという，統計的な推論に基づいているといえる．この生物学的・解剖学的根拠から行われた性別判定の結果は，社会的制度である戸籍に記載され，その後の変更は原則として許されない．このように男女いずれかに分別された人々は，外性器をはじめとした生殖器官の差だけに還元できない社会的な性別に方向づけられる．服装を例にとると，ベビー服の色にはじまり死を迎えるまで，衣服は性別を明らかに表わすし，髪型や言葉遣い，ものの見方や考え方にいたるまで，さまざまな事柄が性別によって区分され，性別に沿ったあり方が要求される．

だが少し考えてみれば，生物学的・解剖学的根拠が，衣服や髪型，言葉遣い，ものの見方，考え方にいたるまでを決定するという論理は，あまりにも短絡的だと気づくだろう．俗にいう「男らしさ」「女らしさ」は，環境などの後天的な影響が大きいとするのが，ジェンダー概念を積極的に活用する論者の主張である．かのシモーヌ・ド・ボーヴォワールの「人は女に生まれない，女になるのだ」という発言は，実に端的にこの主張を表わしている．フェミニストたちは，このジェンダー概念を用いて社会の男性優位傾向に対し批判を唱えた．

しかしジェンダー概念を用いた批判は，1980年代末にいったん袋小路に入ってしまう．男女の差がセックスによるのか，それともジェンダーによるのか，判別が難しい事例を提出されると，当時，ジェンダー概念の有効性を唱えた論者はたちまち呼吸困難に陥ってしまったからだ．加藤秀一は，このような状況を表わす例として，男子生徒の方が女子生徒より平均して数学の成績がよく，外国語の成績が悪いという事実があった場合，これを先天的な身体的特徴の成果とみなすか，それとも後天的な生育環境の成果とみなすかといった論議をあげている（加藤秀一，1998：132）．生物学的・解剖学的要因に還元する立場の論者は，単純な解剖学的差異にはじまり，遺伝や脳生理学的差異に至るまで，あらゆる証拠をもち出してこの事実を説明しようとする．だがその一方で生育環境を要因だとする立

場の論者は，環境の影響力を証明する別の証言を借りて防戦するか，あるいは都合の悪い追及には黙秘によって逃げ切ろうとするか，果ては性差など存在しないのだと根拠もなくただ言い切ってみせるといった対応がみられ，後者の立場の論者は窮地に追い込まれたのである（加藤, 1998）.

1990年になって，このような状況の正面突破を試みたのが，ジュディス・バトラーである．バトラーは，それまで自然科学的視点のもつ，絶対的な宿命論的意味合いによってセックスが語られてきたことにまず疑義を差し挟む．そして「セックスの自然な事実のように見えているものは，じつはそれとはべつの政治的，社会的な利害に寄与するために，さまざまな科学的言説によって言説上，作り上げられたものに過ぎないのではないか．セックスの不変性に疑問を投げかけるとすれば，おそらく「セックス」と呼ばれるこの構築物こそ，ジェンダーと同様に，社会的に構築されたものである」と，バトラーは喝破する（バトラー, 1997：28）．生物学・解剖学的根拠といえども，人々によって男女の法則性が導き出され，整理されたという，活動の成果――つまり人々によって構築されたもの――でしかありえず，その際に主張される自然という言葉さえもが利害関心によって利用されているのだというバトラーの指摘は，セックスの特権性を剥ぎ取り，80年代までの先天的対後天的，といったセックスとジェンダーの関係図式を突き崩してしまう．そしてセックスもまた，普遍ではなく，社会的・文化的・歴史的に構築された概念だとする，新たなパラダイムが提示された．

1.3. セクシュアリティの今日的理解

セクシュアリティもまたセックスと密接に関連した概念であることは，すでに述べたとおりである．フロイト的理解に依拠すれば，ジェンダーは性別の面で，そしてセクシュアリティは性的指向性の面でセックスから派生するとされてきた．フーコーは『性の歴史』第1巻で，フロイトとはまったく異なったアプローチでセクシュアリティを明らかにしている．

フーコーによると18世紀の西洋では，富や労力，あるいは労働

能力としての人口が国家に与える重要性が認識され，生殖は国家にとって重大な関心事となったという．この関心にもとづき，司法や医学などの領域から，人口増大のために生殖へ結び付く正しい性と，生殖へ結び付かない悪しき性が，徐々に包囲網が形成されるように取り決められていった．19世紀末に至ると，生殖を統制するための性科学という新しい学際的な学問領域が誕生した．性科学の領域において，医学者，解剖学者，精神医学者，教育学者らが，この正しい性と悪しき性をさらに厳密に選り分けていった．不当な性行為は性的逸脱や倒錯などのレッテルを貼られた．同性愛や異性装症，自慰行為や露出狂，視姦愛好症や老人愛好症など，生殖以外の性の活用でありさえすれば，手当たり次第にしかも詳細にわたって分類されていった（フーコー，1986）．フーコーはこの『性の歴史』のなかで，セクシュアリティの明確な定義を行ってはおらず，代わりにこのような国力としての人口への関心から，性科学への発達に至る人々の利害関心によって，生殖との位置関係が歴史的に構築されていくありさまを記述することによってセクシュアリティを表わした．

　今日のセクシュアリティ概念は，フーコー的視点の発展を通じて理解されているといえる．実は先述のバトラーもジェンダー論を展開する際に，フーコーの視点を積極的に取り入れている（バトラー，1997：55；フーコー，1986：192）．そのため今日的なセクシュアリティ概念の理解は，バトラーのジェンダー概念とほぼ同じようにして可能である．ジェンダーと同様に，セクシュアリティもまた，これまでセックスを出自とする概念だと理解されてきた．だが，フーコー的な読み取り方をするならば，政治的，社会的な利害から生殖に結び付く行為を唯一正当な性行為だと規定する際に，今日セクシュアリティと呼ぶものの一部分をセックスとして概念化したという見方にとらえ直すことができる．そしてこの唯一正当な性行為が異性愛であり，異性愛主義（ヘテロセクシズム）はこの正当化のプロセスのなかから生まれ出たイデオロギーである．簡潔に異性愛主義をまとめると，それは異性愛が唯一正当かつ自然のものであり，また男性は女性に対してさまざまな決定権を有し，従うことを要求する

というイデオロギーである．前者はセクシュアル・マイノリティの立場となった者たちの運動体から，そして後者はフェミニズムから批判の対象となっている．

このように今日セクシュアリティとジェンダーの概念は，共にセックスと密接に関連し，かつどちらも人々の活動によって構築されるものだとするだけに，非常に近接した概念であるばかりではなく，明確な区別もまた非常に難しいし，むしろ不可分であるとさえいえる．だが不可分でありながらも，今述べたように異性愛主義をどの立場から批判的にとらえようとするかによって，異なった問題を浮き彫りにすることが可能である（セジウィック，1999：45）．たとえばレズビアンは，同性愛者であるがゆえに起こるカミングアウトや結婚などはセクシュアリティの問題に帰属するし，また女性であるがゆえに起こる職業や収入などはジェンダーの問題に帰属するといったように，ひとつの対象であっても，ふたつの分析軸を立てることによって見えてくるものが異なってくるのである．

セクシュアリティという言葉は以上のような性質をもっている．だがこの言葉を定義しようとすると，実はかなり困難である．というのも，どこからどこまでがセクシュアリティかという境界線の画定は，人々の活動いかんによってセクシュアリティ自体の構築のされ方が異なり，実際に定義は不可能だといわざるを得ないからである．また，これまで述べてきたセクシュアリティの構築される性質は，固定的な定義をむしろ拒絶するものだともいえる．よって，セクシュアリティを「無定義概念」だとする論者もいる．上野千鶴子は「セクシュアリティとは『無定義概念』である．そしてセクシュアリティ研究とは，人々が『セクシュアリティ』と呼び，表象するもの，そしてその名の下で行為するしかたについて研究する領域である」と述べる（上野千鶴子，1996：6）．また赤川学もこのような上野の提案に条件付きで賛同を示し，「最初からセクシュアリティによって定義される外延を画定してしまうよりは，人々がセクシュアリティという概念によって切り取ってきた意味の領域，生きられる現実がどのように変化するのか，またその変化にはどのような要因や効果があったのか測定するほう」が研究上有意義であるとした

（赤川学，1999：14）．赤川はとりわけ歴史社会学において無定義概念の有用性を説いたが，おそらく歴史社会学に限らず，生殖に関する政治的，社会的利害のあり方を探求する研究であれば，効果を発揮すると考えられよう．ただセクシュアリティを無定義概念としたからといっても，すべての表象や行為がセクシュアリティの対象とならない．「手をつなぐ」という行為が，カップル間と親子間で行われていたら，セクシュアリティが対象とするのは，カップルの方だと私たちは即座に答えられるように，私たちにはセクシュアリティに関する知識がある程度備わっているのである．セクシュアリティの境界線は，私たち個々がもつ知識のあり方に依存しており，このあり方こそがセクシュアリティ研究の対象となるのである．

2．「ニューハーフ」を考える

2.1．「ニューハーフ」の起源

　このようなセクシュアリティのもつ問題関心から，「ニューハーフ」をどのようにとらえることができるだろうか．冒頭で提起した「ニューハーフ」は男か，女かという問いから考えてみよう．
　そもそも「ニューハーフ」という言葉は，実に奇妙である．直訳すれば「新しい半分」だが，これでは意味をなしていない．だが，私たちは訳語が意味不明であっても「ニューハーフ」が何を表わす言葉であるのか理解不能ではない．この言葉は1980年代初頭に松原留美子というホステスが自分を指して使用したのがはじまりとされており，現在では戸籍上男性で，女性であろうとする水商売の従事者を指す．松原がこの言葉を用いて自己を指した意図は定かではないが，ここで注目したいのは，全くの造語を新たに提示したこと，そしてその言葉は男女どちらの性別を指し示すものではなかったということである．かならずしもこの言葉が性別を尋ねられたときの回答だという根拠は筆者にないが，おそらく性別に関するやりとりの最中に出てきた言葉であろう推測は容易である．そしてまた，性

別に関する質問をされたときに，この「ニューハーフ」だという回答をしたならば，それは非常に戦略的な回答だったといえるだろう．

2.2. 性別に関する常識的な知識

ハロルド・ガーフィンケルは「正常」な男性器をもった男の子として生まれ，出生証明書は男性として発行され，17歳になるまでは誰からも男の子として認知されていたが，外見を見れば誰もが女性だと思うに違いない，アグネスという人物の事例研究をしている（ガーフィンケル，1986）．ここでアグネスは男性から女性へと性別の移行を企図し，半ば以上成功している人物として描かれている．アグネスの事例は性別の移行にまつわるという点で「ニューハーフ」とよく似た問題を有している．

事例を考察する際にガーフィンケルは「ごく当たり前のノーマルな性別をもつ人間」の特徴に関する予備的なリストを作成している．このリストでは，私たちが通常，どのように性別を理解しているかが提示されている．ガーフィンケルが述べるこの理解のうちのいくつかをここにあげてみよう．まず，私たちの目に映る世界において，性別というものはただ二つ，「男」と「女」で成り立っており，それ以外の性別は想定されてもいないこと．性別は，厳然たる不動のものとして把握されており，いかなる時や場合であってもこの不動性は確固としていること．そして性別は「自然な事柄」という特徴を有しており，この「自然」という言葉には，正しさや道徳的適切さといった意味が含まれており，よき社会とは男女いずれかの性別をもった人から成り立っていること．さらに男女どちらかに分類困難な人に出くわした場合，原理的にはいずれかに分類可能でなくてはならないことなどである（ガーフィンケル，1986：225-232）．

このガーフィンケルのリストをもとに，性別に関する質問がされたとき「ニューハーフ」だと答える戦略性を考えるとしたら，それはどのようなものだろうか．「あなたの性別はなんですか」という質問は，当然ながら質問される側の戸籍が男性であり，意図的に女性としての姿形や振る舞いをしているのだと質問者に伝わっている

か，あるいは質問される側を女性としては違和感を覚える場合に発せられる．分類困難な相手を男女いずれの性別に帰属させようと思い，分類可能なものとして整理するためにこの質問は発せられるだろう．

だが男性だと答えたら，質問者は納得するだろうか．「男なのになぜ髪を伸ばして化粧をするのか」，「男なのになぜスカートをはいているのか」，「男なのにどうして女のような話し方をするのか」と，回答者が「自然」な男性から逸脱していることに対し，揶揄や非難を包含したさらなる質問を重ねることだろう．だからといって逆に女性だと答えても，また同じようにさらなる質問が待ち受けているであろう．「おちんちんはついているんですか」，「戸籍上は男ではないんですか」といったように，男性／女性であるための通常そろっているとされる諸特徴が欠けていると，それは揶揄や非難の的になるばかりで，結局，質問者はなかなか納得しないかもしれない．あるいは質問する前にすでに相手の性別を男女いずれかに決めてしまっていて，その決めた性別を答えないかぎりは納得しないかもしれない．

2.3.「ニューハーフ」の戦略性

そしてまた，このような展開が待ち受けている可能性を当の「ニューハーフ」も予見していると考えられる．ガーフィンケル論文のアグネスは，自らをごく当たり前のノーマルな女性であり，またそう扱われるべきだと熱烈に主張しており，かつガーフィンケルの観察においても「正常人」のものの見方から逸脱していない（ガーフィンケル，1986：225, 231）．つまりノーマルな人々という範疇のなかに，逸脱しているとみなされかねないアグネスや「ニューハーフ」たちも入っているといえるのである．したがって「ノーマルな人々」が奇異だと感じる事柄は，アグネスや「ニューハーフ」たちもやはり奇異だと感じるのだ．だからアグネスは常に自分が「自然な女性」だと見えるようにたえず注意を払い，不自然に見えそうになるとそれを調整し，不自然だと思われてしまったときにはそれを挽回しようとしたりもした．提示したい性別に不審が表明されたら，

説明する義務が生じ，その説明がうまくいかなかったとしたら非難される事態が起こり得ることは，これらの人々にとって承知のことなのである．このような不審の解消のための手続きは，不審をもたれた者にとって煩わしく，避けたいものでしかないだろう．それはアイデンティティへの疑義を差し挟まれることであるからだ．「ニューハーフ」という新たなカテゴリーの提示をし，この言葉を実践的に使用することによって，執拗な質問を封殺し，アイデンティティの危機を回避する効果が見込まれるのである．

その一方で「ニューハーフ」と呼ばれ，称する人々が男女の性別二元論に則し，かつ非常に執着している存在であり，決して性別から解放された存在ではないことは，見ての通りであるし，また本人たちの発言からも明らかであるといえる（もちろんメディアに登場する際には意図的に誇張された発言をする可能性もあるが）．これらの発言は，男性であることにかなりの違和感や嫌悪感を抱き，そして女性への同一化を希求する内容を旨としている．よってこのカテゴリーは，既存の男女がもつ諸特徴から乖離したまったく別のカテゴリーではなく，むしろ男女の性別にきわめて強い執着を内包するカテゴリーだといえる．

2.4.「ニューハーフ」のデメリット

だが「ニューハーフ」カテゴリーの提示は，同時にマイナスの効果をも生み出すと考えられる．性別の移行を企図する者にとり，「ニューハーフ」カテゴリーに収まることは不利益でしかないだろう．なぜならばこのカテゴリーは男女のいずれにも所属しているようでもあり，同時にいずれにも所属していないようでもあるという，宙吊りのカテゴリーだからだ．それゆえ性別の移行を企図する者がこのカテゴリーに捕捉されてしまうと，その企図が果たせないうえ，「ニューハーフ」の認知度が高まれば高まるほど，そこに滞留せざるを得なくなる状況に陥る可能性が増大するのだ．性別の移行を企図する者は，レズビアン／ゲイのように，自らの性的指向性を正当化を目論む者たちとは求めることが異なり，「普通」の性別二元論の世の中を渡り歩こうとしているため，「ニューハーフ」カテゴリー

のままでいようという意図はほとんどないだろう．そのためこのカテゴリーは，単なる足枷にしかならない．よって性別の移行を企図する人々は，性別を問われれば「女よ」と答えながらも，男性，女性，「ニューハーフ」と三重のカテゴリーをさまよわなくてはならなくなるのだ．冒頭でこの言葉が忌避されると述べたが，その忌避の一因はこのようなところにあるといえよう．

　それにもかかわらず，テレビなどのメディア上でこの呼称を受け入れて人々が登場するのは，経済的事情が関与していると考えられる．現実問題として，これらの人々の働き口はひどく少ない．男女雇用機会均等法が施行されていても，仕事を探す際に性別が問われ，性別によって差別が行われているのは，新卒の就職状況から明らかである．三重の性別カテゴリーの間を浮遊するこれらの人々を雇用しようとする企業はほとんどなく，結局比較的容易に仕事が得られるのは，バーのような水商売に限られてしまい，生活していくための職業の選択肢はきわめて限定されているのだ．そしてこの職業は，自らの外見や振る舞い，言動が直接商品となる．「ニューハーフ」が「ニューハーフ」としてメディアに登場し，おもしろおかしく振る舞うのは，商品としての自己の宣伝がともなっており，経済効果を見込んでいるといってもあながち的外れな見解ではないだろう．

　このように，「ニューハーフ」をセクシュアリティの視点からとらえると，そこには人々の性別に関する利害をめぐるせめぎあいが明らかになっていく．ここではとりわけ「ニューハーフ」という言葉のもつ意味を検討し，実践的に使用する際に起こるメリット・デメリットについて述べてみた．

おわりに：セクシュアリティから見えるもの

　私たちは日常のなかで「男とはこういうものだ，女とはこういうものだ」という物言いを，当たり前のこととしてとらえ，たいした疑いをもつことなく暮らしている．セクシュアリティという，生殖

に関する人々の政治的,社会的利害のあり方を探求する視点から,「ニューハーフ」の性別を問いかけることは,当たり前を見直すひとつのヒントになる.この問いかけは単に当の人々の性別を問うだけではなく,性別に関する常識的な知識を問うものだからである.そして常識的な知識は,社会の成員でありさえすれば,その者が社会でいかに遇されていようとも有している.「ニューハーフ」たちもまた社会の成員として,この知識をもち合わせている.それどころか先に述べたように,「ニューハーフ」がもつ宙吊りの性別に反して,これらの人々は自己の性別への執着がそれ以外の人と比較して強いものであるがゆえに,性別に関する常識的な知識にも並々ならぬ関心を寄せていることが推し量れる.

また同時に「ニューハーフ」という言葉を実践的に使用することから,二つのレベルでの利害を読み取ることが可能である.ひとつめレベルは,性別を移行しようとする者と,性別を不動のものとしてとらえる者との利害である.もうひとつのレベルは,性別を移行しようとする者のなかで,「ニューハーフ」という言葉を実践的に使用することによって起こる利害である.これらのことは2節において既に述べたとおりである.

そしてこのような性をめぐる政治的,社会的な利害のあり方を探求する際の対象は,なにも「ニューハーフ」をはじめとした,セクシュアル・マイノリティの人々だけがふさわしいわけではない.私たちは性にあふれる日常のなかで生活をしている.これまでなにげなく見過ごしてきた性に関する事柄がふと目にとまったら,それはセクシュアリティの視点からみつめ直すきっかけになるに違いない.

＜参考文献＞

赤川学, 1999,『セクシュアリティの歴史社会学』勁草書房.
J. バトラー(竹村和子訳), 1997,『ジェンダー・トラブル:フェミニズムとアイデンティティの攪乱』青土社.
M. フーコー(渡辺守章訳), 1986,『知への意志』新潮社.
H. ガーフィンケル(山崎敬一訳), 1987,「アグネス,彼女はいかにして女になり続けたか」山田富秋・好井裕明・山崎敬一編訳『エスノメソドロジー:

社会学的思考の解体』せりか書房.
加藤秀一, 1998, 『性現象論：差異とセクシュアリティの社会学』勁草書房.
E. K. セジウィック（外岡尚美訳）, 1999, 『クローゼットの認識論：セクシュ
　　　アリティの20世紀』青土社.
上野千鶴子, 1996, 「セクシュアリティの社会学・序説」井上俊・上野千鶴子・
　　　大澤真幸・見田宗介・吉見俊哉編『セクシュアリティの社会学』岩波書店.
渡辺守章, 1986, 「訳者あとがき」渡辺守章訳『知への意志』新潮社.

第10章

ITの日常化
——デジタルデバイドとは何か？

中 正樹

はじめに
1. デジタルデバイドが話題となる背景
2. デジタルデバイドとは本当は何か
3. デジタルデバイドはなぜ問題なのか
おわりに

はじめに

　デジタルデバイド（digital divide）いう言葉を耳にしたことがあるだろうか．耳慣れない言葉かもしれない．情報社会における問題を示唆するキーワードとして，最近では新聞や雑誌の記事の中に頻出している言葉だ．一般的には，インターネットへのアクセス機会の格差が，経済的，社会的格差につながるという現象を指す言葉として用いられていることが多い．

　この言葉が初めて登場したのは，アメリカ商務省（US Department of Commerce）が1995年から4回にわたって取りまとめた報告書「ネットワークからこぼれ落ちる」("Falling Through the Net")においてである[1]．特に，1999年7月に報告された第3回目の報告書「ネットワークからこぼれ落ちる：デジタルデバイドを定義する」("Falling through the Net：Defining the Digital Divide")では，1998年12月の調査に基づき民族集団，年収，学歴などによって，パソコン保有率やインターネット接続率などに大きな格差があることを指摘して大きな反響を呼んだ[2]．

　日本においてこの言葉を耳にするようになったのはごく最近のことだ．これは上述の報告書が紹介されたことや，2000年7月に開催された主要国首脳会議（九州・沖縄サミット）において「グローバルな情報社会に関する沖縄憲章」，いわゆる「IT憲章」が採択さ

---

1) デジタルデバイドという言葉は造語である．第2回目の報告書 "Falling Through the Net II：New Data on the Digital Divide"（1998）において初めて登場した．
2) 報告によれば，年間所得7万5000ドル以上の世帯では，それ以下の年収の家庭に比べ，インターネットの利用が20倍以上，コンピュータの所有が9倍以上との格差があるとされている．また，家庭からインターネットにアクセスできる黒人およびヒスパニック系の世帯は，白人世帯の5分の2にとどまっている．さらに居住地域でも格差があり，農村部の低所得層における家庭からのインターネットアクセス状況は，都市部の同レベルの所得層と比べて50%低いことも明らかになった．

れて，そのなかで国際社会の共通課題として「情報格差（デジタルデバイド）の解消」が盛り込まれたことが契機となっている．

けれども，この言葉，デジタルデバイドについては，意外と抽象的なイメージが闊歩している．本当にデジタルデバイドは存在するのかどうか，それについてはほとんど論じられないまま，「アメリカで問題となっているから日本でも問題だぞ」とか「コンピュータやインターネットが使えないと落ちこぼれるぞ」とメディアが勝手に騒いでいるような雰囲気がある．その昔，「英語が使えないと国際人になれないぞ」と英会話学校がブームになったことを思い出させる情景だ．バレンタインデーがチョコレートを買わせるお菓子会社の戦略であるように，デジタルデバイドもコンピュータを買わせようとするコンピュータメーカーの戦略なんじゃないかと勘ぐりたくもなる．

そこで，デジタルデバイドとは何なのか，デジタルデバイドは本当に存在するのかについて検討してみたい．そして，デジタルデバイドの問題点について，もう少し掘り下げて考えてみたい．

1. デジタルデバイドが話題となる背景

1.1. 情報の流れの変化

デジタルデバイドという言葉は，1998年に初めて登場した造語だ．その言葉が一般化した背景には，情報通信技術（information technology＝IT）の飛躍的な発展がある．ITとは，具体的にはインターネットや携帯電話などのことを指している．

ITの発展は，歴史的にみて大きな意味をもっている．それまでのメディアは「いかに情報の大量伝達を可能にするか」ということを命題として発展してきた．情報というものは「送り手」から「受け手」へと一方的に流れるものだった．ところが，ITの発展は従来情報の受け手でしかなかった人々が，受け手であると同時に送り手となりうる新しい情報の枠組みを提示した．その結果，経済をは

じめとする地球規模での社会システムが大きく変化しつつある．こうした変化のことを，18世紀に英国で始まった産業革命にならって「IT革命（revolution of information technology）」と呼ぶ．

IT革命はまた，文字の発明，グーテンベルグによる活版印刷の発明につぐ「第三の情報革命」という表現をされることもある．これらの表現の妥当性はともかくとして，私たちがいま，かつて経験したことのない情報通信技術の革新の過程にいることはたしかである．

1.2. IT革命への懸念

IT革命といえば，森喜朗前首相を思い出す人もいるだろう．森前首相は，小渕恵三前首相の政策を引き継いで，IT革命を柱とする政策を積極的に推し進めた．

IT革命が政策として注目されたのは，1980年代に不況に陥っていたアメリカ経済が，積極的な情報化投資や企業経営へのIT導入などによって復活したとされているからだ．日本もそれを見習って不況から脱しようというわけだ．

アメリカ経済はIT導入のみによって復活したのではなく，それはさまざまな要素の一つにすぎないわけだが，日本ではとかくITのみが大きく取り上げられてきた．その理由としては，森前首相が自らの政策の目玉として盛んに喧伝したことが大きい．

けれども，IT革命には大きな期待がよせられる一方で，さまざまな負の側面に対する懸念もなされている．具体的には，とくにインターネットへアクセスできる人々（または組織・社会）とアクセスできない人々（または組織・社会）との間に，産業経済面はもとより，政治面や社会生活面においても，さまざまな機会の不均等などが生じ，その結果，社会的，経済的格差が生成，拡大するのではないかという危惧である．それは，デジタルデバイドが引き起こす問題点として社会的関心を集めている（木村，2001b：15）．

1.3. 乗り遅れるという恐怖

デジタルデバイドは，特に中高年層に対して大きなプレッシャー

となっている．というのも，デジタルデバイドは会社に勤めている人間にとって「コンピュータやインターネットを使えれば，仕事がはかどり収入も増えますよ．使えなければリストラをされるかも知れませんし，損をしますよ」というメッセージを含んだものとして解釈されがちだからだ．そして，新聞や雑誌でも同様の文脈で取り上げられることが多い．

その結果，デジタルデバイドは「情報強者」となるか「情報弱者」となるかの分水嶺として論じられる傾向にある．特に会社に勤めている人間にとって勝ち組に入るために克服すべき壁として論じられているようだ．そうした傾向は，「…あなたは『強者』か，『弱者』か!? 管理職で年収1000万円以上．今，明らかになった日本のデジタル・デバイド強者たちの姿．IT適格者と不適格者との格差は，これからますます拡大の一途をたどる．人生の勝ち組にはいるためにはどうしたらよいのか？」といった表現に象徴されている（四元，2000）．

このとき，デジタルデバイドは有形無形のプレッシャーとなってコンピュータやインターネットを使えない人々を苦しめることになる．パソコン学校のコマーシャルでは，コンピュータやインターネットを使えない人物がよく登場する．以前は「就職のために」ということで若者や女性が主に登場していたが，最近では「リストラされないために」ということで中高年層の人々，特に男性が登場する機会が増えてきた．

2. デジタルデバイドとは本当は何か

2.1. アクセス機会の格差

先述の報告書「ネットワークからこぼれ落ちる：デジタルデバイドを定義する」（"Falling through the Net：Defining the Digital Divide"）のIntroductionでは，デジタルデバイドは「新技術へのアクセスを『もつ』『もたない』の差」（the divide between those with access to new technologies and those without) とされている.

　一方,日本では「高度情報通信ネットワーク社会形成基本法(IT基本法)」第八条において,「地理的な制約,年齢,身体的な条件その他の要因に基づく情報通信技術の利用の機会又は活用のための能力における格差」と記述されている[3].

　このように,デジタルデバイドは原則としては情報通信技術への「アクセス機会の格差」として把握することができる.

　そのとき,日本におけるデジタルデバイドの現状はどのようなものとして把握できるだろうか.図1は世帯年収別にみたインターネット利用比率である.これをみると,年収と利用比率が比例していることがわかる.図2は年齢別のインターネット利用比率である.これをみると,20歳代を頂点として利用比率は山型になっている.図3は職業別のインターネット利用比率である.これをみると,最も高い比率を示したのは学生で,最も低い比率を示したのは無職となっている.

　個人属性による格差を検討するとある傾向がみえてくる.20歳代,学生といった若者に関連する項目が最もインターネット利用との関連性が高く,逆に60歳代や70歳代,世帯年収400万円未満,無職といった高齢者に関連した項目が最もインターネット非利用との関連性が高い.それに主婦(主夫)関連項目が続く.

　それでは,デジタルデバイドを解消するためには,高齢者と主婦(主夫)にコンピュータを与えてインターネットをさせればいいのだろうか.もちろん,問題はそんなに単純ではない.

[3) 高度情報通信ネットワーク社会形成基本法 (利用の機会等の格差の是正) 第八条　高度情報通信ネットワーク社会の形成に当たっては,地理的な制約,年齢,身体的な条件その他の要因に基づく情報通信技術の利用の機会又は活用のための能力における格差が,高度情報通信ネットワーク社会の円滑かつ一体的な形成を著しく阻害するおそれがあることにかんがみ,その是正が積極的に図られなければならない.
※「高度情報通信ネットワーク社会形成基本法(IT基本法)」は,首相官邸のホームページ内「主な懇談会・会議等の活動状況」にある「IT戦略本部」内で公開されている.URLは次のとおり.
http://www.kantei.go.jp/jp/it/kihonhou/honbun.html

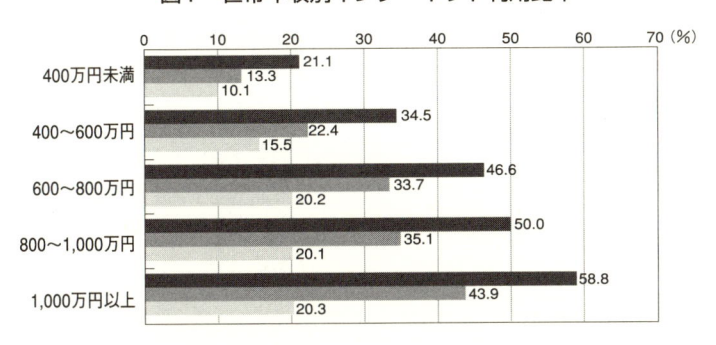

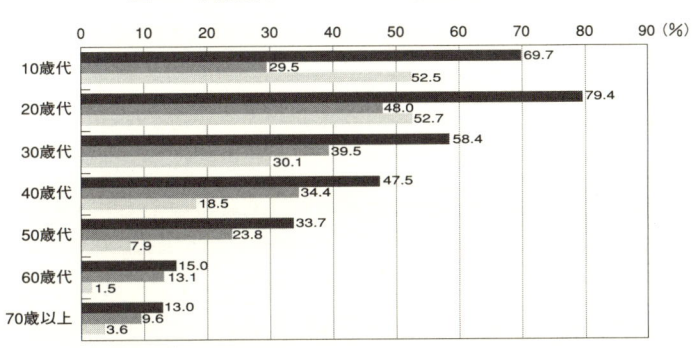

図1　世帯年収別インターネット利用比率

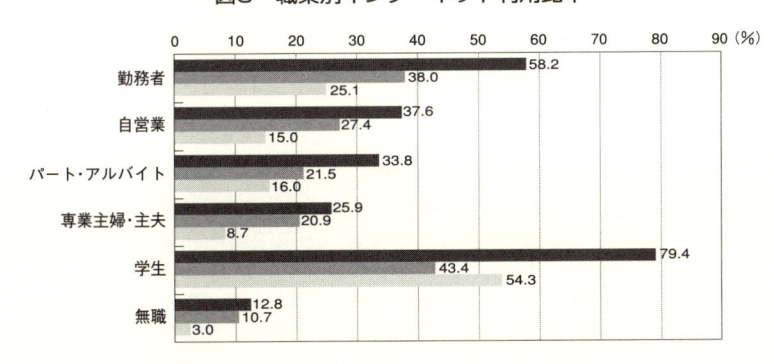

世帯年収	インターネット利用全体	パソコンインターネット利用	携帯電話・PHSインターネット利用
400万円未満	21.1	13.3	10.1
400～600万円	34.5	22.4	15.5
600～800万円	46.6	33.7	20.2
800～1,000万円	50.0	35.1	20.1
1,000万円以上	58.8	43.9	20.3

図2　年齢別インターネット利用比率

年齢	インターネット利用全体	パソコンインターネット利用	携帯電話・PHSインターネット利用
10歳代	69.7	29.5	52.5
20歳代	79.4	48.0	52.7
30歳代	58.4	39.5	30.1
40歳代	47.5	34.4	18.5
50歳代	33.7	23.8	7.9
60歳代	15.0	13.1	1.5
70歳以上	13.0	9.6	3.6

図3　職業別インターネット利用比率

職業	インターネット利用全体	パソコンインターネット利用	携帯電話・PHSインターネット利用
勤務者	58.2	38.0	25.1
自営業	37.6	27.4	15.0
パート・アルバイト	33.8	21.5	16.0
専業主婦・主夫	25.9	20.9	8.7
学生	79.4	43.4	54.3
無職	12.8	10.7	3.0

■インターネット利用全体　　パソコンインターネット利用　　携帯電話・PHSインターネット利用

資料：総務省編『平成13年版情報通信白書』

第10章　ITの日常化

2.2. 社会的，経済的格差

　デジタルデバイドが社会的な問題として注目されるのは，いま述べた原則的な定義が経済的，社会的格差の拡大をもたらすとされていることによる．デジタルデバイドという言葉を世に送り出したアメリカ商務省の報告書も，パソコン保有率やインターネット接続率などに民族集団，年収，学歴による格差があること，今後その格差が拡大する危険性を指摘したことで話題になった．

　このようにデジタルデバイドが経済的，社会的格差をもたらすとする考え方は，実はインターネットの原型となる ARPA ネット (Advanced Research Projects Agency network) が登場した時点ですでになされていた[4]．国防総省の局長，ロバート・テイラー (Robert W. Taylar) は，1968年に著した「通信手段としてのコンピュータ」("The Computer as a communication Device") のなかで，次のように述べている．「『オンライン』化できるということは，特権か，それとも権利であるか．もし恵まれた一部の人だけが，この便益を享受するなら（中略）ネットワークは，知的機会スペクトルの断絶を広げることになる」(アメリカ商務省，2000：137)．

　そして現在，私たちが耳にするデジタルデバイドは，同様の文脈で論じられている．つまり「コンピュータやインターネットを使いこなせるかどうかで，たとえば一人ひとりの職業，役職，収入などに大きな格差が生じることが，デジタル・デバイドの本質なのです．だからこそ現代を生きるすべての人にとって社会的問題となるのです」(四元，2000：24) という理解だ．

　こうした理解の前提には，デジタルデバイドが経済的，社会的格差を拡大するということ以前に，もともとコンピュータやインター

---

[4] 1969年にアメリカ国防総省 (U. S. Department Of Defense：DOD) の高等研究計画局 (Advanced Research Projects Agency：ARPA) が導入した分散型コンピュータネットワークの名称．インターネットの起源とされている．もともとはソビエト連邦（現ロシア共和国）によるスプートニク1号の打ち上げ成功に衝撃を受けたアメリカ国防総省が，核攻撃対策として，従来の集中型ネットワークから分散型ネットワークへ移行のため遠隔地にある複数のコンピュータの接続による実験を始めたのが端緒である．

ネットを利用できる機会をもっている人ともっていない人の間には格差が存在しているという暗黙の了解がある．インターネットを利用するには費用がかかる．インターネットに接続可能なコンピュータ，電話回線，プロバイダへの加入などなど．自宅でコンピュータを使用するには，少なくともこうした3つの条件を乗り越える必要がある．そして，しばらく前までプロバイダへの加入にはクレジットカードが必須だった．子どもが親名義のクレジットカードで加入するのなら別だが，そうでなければ自分名義のクレジットカードをもてる人，つまり官公庁あるいはある程度以上の規模の企業に勤めている人でなければ，インターネットを利用できなかった．

したがって，費用の問題をクリアできる富裕層はインターネットを利用することによってさまざまな恩恵を受けることにさらに豊かになり，逆に費用の問題をクリアできない貧困層は豊かになる機会を失って取り残され，富裕層との格差がさらに広がることになるとされているのである．

2.3. 国家間に生じる格差

アクセス機会の格差が経済的，社会的格差を拡大するという視点は，国家間でもデジタルデバイドがもたらす問題が存在しうることを示唆している．私たちが一般的に用いている意味とは少々異なるが，国家間のデジタルデバイドは重要な国際的問題として注目されている．

国際協力事業団・国際協力総合研究所による報告書のなかで，デジタルデバイドは「情報先進国内での人々の貧富の差が情報利用機会の格差となり，貧富の差を拡大するということを表わす言葉として使われていた．しかし，現在では人々の間での格差のみならず，国と国の間での格差や企業などの組織と組織の間での格差でも使われるようになっている」と述べられている（国際協力事業団・国際協力総合研究所，2001：46）．

図4は地域別インターネット利用率および利用者数のグラフである．インターネットは世界中をつないでいるネットワークであると考えられがちだが，実際には利用できる地域は限られている．北

図4　地域別インターネット利用率および利用者数

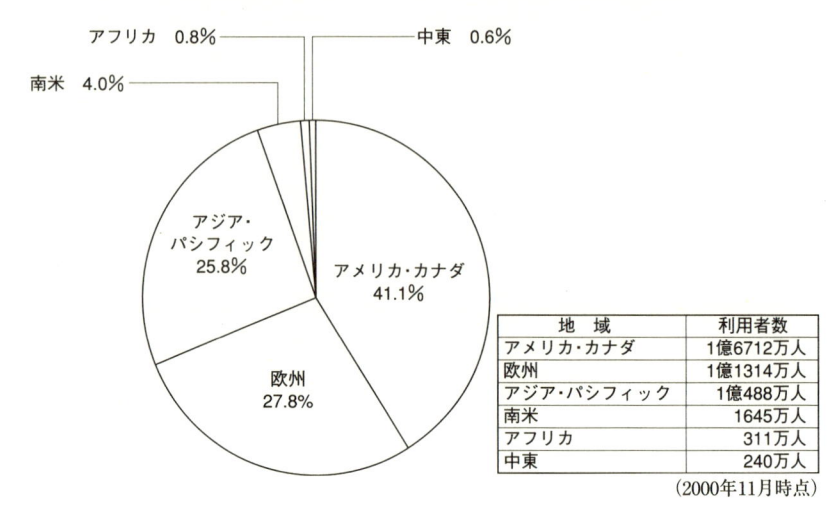

地　域	利用者数
アメリカ・カナダ	1億6712万人
欧州	1億1314万人
アジア・パシフィック	1億488万人
南米	1645万人
アフリカ	311万人
中東	240万人

（2000年11月時点）

資料：総務省編『平成13年版情報通信白書』

　アメリカ，ヨーロッパ，アジア・パシフィックを合計した比率が95％に達しているのに対して，南アメリカやアフリカ，中東においてはその合計比率が5％程度にとどまっている．すなわち，インターネットは世界中をつないでいるのではなく，正確には北半球の先進国間を主につないでいるネットワークなのである．

　開発途上国の多くは，ITの整備以前に，社会経済分野の整備に人材，技術，資源を投入せねばならない．そのため，情報を広く利用する体制の整備が必然的に遅れざるを得ない．しかし，情報化の進展の速度は人々が想像していたよりも速く世界の社会経済構造を変化させた．その結果，そうした変化に対応できない開発途上国では，先進国では得られる社会経済の変化に必要な情報や知識を得られないことになり，さらに経済的，社会的格差が拡大する可能性がある．情報化社会においては，情報は人々にとって水や食料と同じくその生活に不可欠なものであるからだ（同，2001：46-47）．

　もし，インターネットを前提として世界経済を考えていくとしたら，ITの整備にまでまだ手が回らない開発途上国は確実に落ちこぼれてしまう．このとき，デジタルデバイドは「IT整備の格差」

として把握され，新しい南北問題となりうる可能性をもっている．

3. デジタルデバイドはなぜ問題なのか

3.1. 核心は消費情報量

　デジタルデバイドが経済的，社会的格差へとつながるとされる理由は，それが人々の間に情報量の格差をもたらすと考えられるからだ．情報は人々が行動する際に，判断に影響を与える大きな要因の一つである．より広範囲の，さまざまな立場からの多くの情報を収集して，検討できる人（そうしようとする人）の方が，そうできない人よりも主体的な判断をすることができるのは自明の理だ．そうした判断の積み重ねは，やがて経済的，社会的な格差として現われてくる──というわけだ．

　データ通信，テレビ，人間同士の会話などを通じて消費者が1年間に受け取った情報の総量を「消費情報量」と呼ぶ．図5は，20

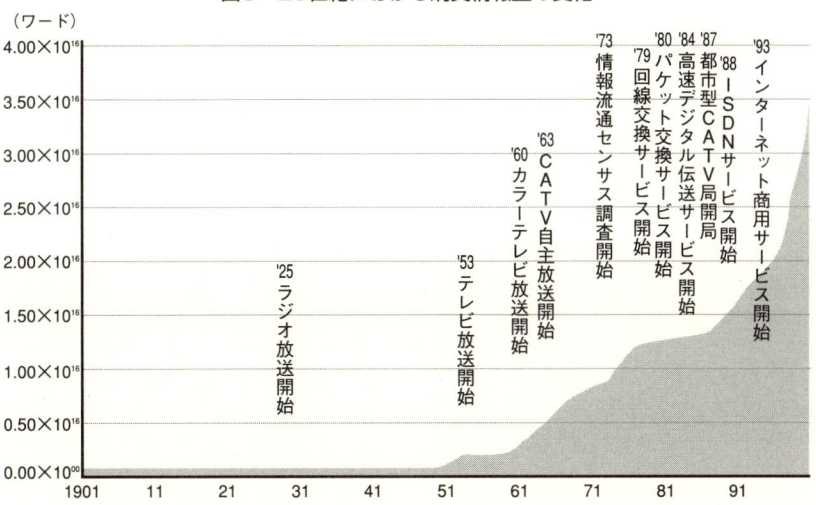

図5　20世紀における消費情報量の変化

資料：郵政省編『平成12年版通信白書』

世紀における消費情報量の変化を，新しいメディアの登場と比較しつつ示したグラフである．100年間の変化をみると，新しいメディアが登場するごとに消費情報量は飛躍的に増加していることがわかる．日本人すべての1998年度の消費情報量は，新聞紙に換算して，実に約10兆ページに相当する．この消費情報量は，過去10年間に約2.3倍になっており，1960年代と比較すると約10倍に増えている．発信情報量も過去10年間で約3.5倍に増えた．

消費情報量の変化から情報消費の主体となるメディアをみたとき，その主役の交代は20世紀に3回あったと考えられる．まず「学校教育」や「対話」から「ラジオ放送」，次に「ラジオ放送」から「地上波テレビ放送」，そして「地上波テレビ放送」から「データ伝送」への変化である．そして現在は，「データ伝送」すなわちインターネットを用いた消費情報量が急激に増加している状況にある．

3.2. 消費情報量の格差が意味するもの

インターネットの普及が飛躍的に消費情報量を増加させている現在，人々の間の消費情報量の格差は拡大する一方となっている．他の情報家電のようにコンピュータやインターネットが自然に普及するのを待っている人は，いまから使いこなす人と比較して，今後蓄積される情報量の大きな格差に直面せざるを得ないだろう．

インターネットが普及する以前，テレビ，ラジオ，そして新聞が主な情報源であった．これらのメディアに共通しているのは，情報が「送り手」から「受け手」に一方的に流されているということだ．情報は積極的に知ろうと思わなくても与えられるものだった．極端な話，テレビの前に座っていれば個人が手にする情報量に格差はそれほど生じなかった．

けれどもインターネットは，従来の送り手から受け手という情報の流れを超えて，受け手であった人々が自ら情報を調べ，集め，解釈する「読み手」となることを可能にした．主体的な読み手であることは，場合によっては自らが送り手となることも含んでいる．

もちろん，インターネットの登場以前にも，読み手たりえた，または読み手としての意識をもっていた人々はいた．しかしその当時，

情報を知るための時間や手間といったコストは高くついた．さらに情報を発信しようとするならば，かつ対象を不特定多数の人々とするならば，必要とされるコストはかなりのものとなったのである．その結果，実際に読み手たりえたのは，職業的ジャーナリストなど，一部の人々に過ぎなかった．なにか使命的な目的をもっているならばいざしらず，一般の人々の間には，ふと生じた好奇心を満たす手段はほとんど存在していなかったのである．

しかし，インターネットは情報に関するそれらのコストを可能なかぎりゼロに近づけた．大量で多様な情報と接することが可能になり，それらを解釈することが可能になり，また意見を述べることが可能になった．いままでは単なる好奇心で終わっていたものが，発展する機会を得たのである．

たとえば昨今話題になった狂牛病問題についても，わざわざ食品会社に電話して確認まではしなくても，インターネットでその食品会社の対応を確認し，さらに狂牛病問題について論じられたホームページや掲示板などで情報を集め，いろいろ考えた人々は多かったのではないだろうか．

このように，主体的な読み手たることが可能になった時代において，消極的な受け手との間に生じる消費情報量の格差は，とりもなおさず自らの社会に対する積極的な意識の格差につながっている．そうした意識の格差は，人間としての知恵や思考の格差につながるであろうし，人生の目的が自らの幸福の追求であると仮定するならば，その幸福の格差にもつながるであろう．経済的，社会的格差はその一部に過ぎない．

おわりに

現在，デジタルデバイドをめぐっては，情報通信技術へのアクセス機会を中心に論じられる傾向にある．しかし，デジタルデバイドは決してアクセス機会の有無だけが決定する格差ではない．コン

ピュータやインターネットはあくまで手段であって目的ではないからだ.

たとえば，すべての人にコンピュータが無償で与えられ，インターネットが無料で使えるようになったとして，経済的，社会的格差を生み出す要因としてのデジタルデバイドは解消するだろうか．いうまでもなく，答えは否だ.

図1のグラフでは，収入が多い人ほどインターネットの利用率が高かった．このことは「費用の問題をクリアできる富裕層はインターネットを利用することによってさまざまな恩恵を受けることによってさらに豊かになり，逆に費用の問題をクリアできない貧困層は豊かになる機会を失って取り残され，富裕層との格差がさらに広がってしまう」ということを単純に指しているわけではない．経済的に豊かな人が，新規性や付加価値の高い商品，サービスの最初の購入ターゲットとなるために，コンピュータやインターネットの普及に格差が生じる現象は，見方によってはごく当たり前のことだ．現在を過渡期としてとらえるならば，コンピュータやインターネットは，電話やテレビ，ビデオなどのように，時が経過すれば自然と情報家電となり，多くの人々により使いやすい形で普及していくと思われる．そのとき，収入とインターネットの利用効率の関係を示す図1のようなグラフは，将来的に収入とは関係のない水平線に近づくことだろう.

しかしながら，現時点ではコンピュータはまだ高価である．また，若い頃からコンピュータに触れてきた人々と，そうでない人々の間には情報機器運用能力の点で大きな差があるのも事実だ．コンピュータを使いたいのに，使うための条件が整わない．すなわち「情報通信技術へのアクセス機会の格差」としてのデジタルデバイドはできるだけ解消していくことが必要だろう．特に，高齢者や主婦といった人々は，性別，収入などさまざまな理由からコンピュータを使う機会に恵まれてこなかった．そうした人々に対しては，政府などによる積極的な支援，施策がなされるべきだ.

けれども条件が整っている人々，特に若い世代の人々にとって，情報の「受け手」であるか，「読み手」であるか，「送り手」である

か，それらを場合によって使い分けるのか，または情報から離れるのかは個人の選択の問題となる．

以上のような視点からデジタルデバイドを考えたとき，私たちにいま求められているのは，デジタルデバイドに恐れおののくことではなく，新しいメディアを積極的に活用する意識であることがみえてくる．つまりデジタルデバイドが本当の意味で示唆する格差とは，情報の活用に積極的な人々とそうでない人々との間に存在する意識の格差なのである．

大切なのは，コンピュータを手に入れてインターネットにアクセスすることではなく，情報を知りたい，活用したいという意識である．デジタルデバイドの問題化は，逆説的に，従来は情報に対して横並びの状態にあった人々の間に，情報に対する態度を選択する機会が与えられたということを意味している．

このとき，デジタルデバイドの問題は，情報通信技術への「アクセス機会の格差」としてだけではなく，情報を取り扱い，操作運用する能力，すなわち「情報リテラシーの格差」の問題としてとらえることが重要となる．そして情報リテラシーが高い人は，情報を積極的に収集し，それによってますます情報リテラシーを高めていく．すなわち，「正のフィードバック機構」（電通総研，2000）が際限なく機能することによって，情報リテラシーの格差はどんどん拡大する可能性をもっている．

情報がその量と価値を拡大させていくにつれ，結果として情報リテラシーの格差が社会的，経済的格差につながるような社会が現出しつつある，この状況に対してどのように対応するべきなのか——それこそが，私たちの今後の課題であるといえよう．

情報の流れが一方的であった時代，私たちは騙されることについて責任転嫁ができた．政府に騙された，メディアに騙された——それは不幸なことであったけれど，一切自分は責任をとることなしに不平不満を言う権利が受け手である私たちにはあった．私たちはいま，完全ではないにしろ，複数の情報源と，双方向的なコミュニケーションを可能にするメディアを手に入れつつある．もし知りたいと願うならば，そして発言したいのならば，そのためのメディアがあ

るのだ．そのとき，もう責任転嫁はできない．その意味では，私たちは人類史上かつてない希有な時点に生きている．従来は一部の特権的な人々以外には不可能であった，受動的な受け手から能動的な読み手へと自らの位置をシフトすることが可能な時代なのだ．

　情報の洪水にたとえられる現状において，溺れたくないならば，目的地に向かって泳ぐ意思があるならば，私たちは従来の送り手から受け手へという一方的な情報の流れに甘んじることは避けねばならない．インターネット，テレビ，ラジオ，そして新聞といったさまざまなメディアからもたらされる膨大な情報を吟味して，社会，政治，経済，文化などの文脈から情報をクリティカルに読み解く積極的な読み手である必要がある．そのときはじめて，私たちはメディアの影響から本当の意味で解き放たれ，主体的な意思をもつ自分として考えることが可能になるのではないだろうか．

<参考文献>

アメリカ商務省（室田康宏編訳），2000，『ディジタル・エコノミー2000』東洋経済新報社．
電通総研，2000，『「ケータイ」で見えてきた日本型情報革命』電通．
今川拓郎，2001，「デジタル・ディバイドの是非：問題か，問題でないか」『情報通信学会誌』19(1)：48-58．
木村忠正，2001a，「第三の産業分水嶺としての「デジタルデバイド」」『情報通信学会誌』19(1)：15-39．
―――，2001b，『デジタルデバイドとは何か：コンセンサス・コミュニティをめざして』岩波書店．
国際協力事業団・国際協力総合研究所，2001，「国際協力の変革を求めて：情報通信技術の活用を目指して」『高度情報技術のODA事業への適用フェーズ2報告書・JICA（国際協力事業団）分野別援助研究会報告書』．
久保田啓介，2000，「情報社会からこぼれ落ちる知的資産」『日経サイエンス』2000年12月号．
J. ロビンソン，2001，「第16回コミュニケーションフォーラム　IT革命と社会の調和：21世紀情報社会への課題と展望」『情報通信学会誌』18(3)．
総務省編，2001，『平成13年版情報通信白書』ぎょうせい．
四元正弘，2000，『デジタルデバイド：情報格差』エイチアンドアイ．
郵政省編，2000，『平成12年版通信白書』ぎょうせい．

第11章

生と自己決定
―― 幸福な「人類200歳時代」?

空閑厚樹

はじめに
1.「生」をとりまく現状
2.「生命倫理」とは何か
3.「自己決定」しうる「自己」をめぐって
4. 制御の対象としての「生」
おわりに

はじめに

「最先端医療で寿命がのびる 人類200歳時代」．これは科学雑誌『Newton』2002年5月号（ニュートンプレス刊，250号）の特集タイトルである．遺伝子レベルで細胞の「不死化」状態をつくり出す研究や，臓器のスペアをつくり出すことのできる再生医療研究の状況が特集記事のなかで紹介されている．また長寿につながる医学研究の成果として，2000年6月に人間の遺伝情報がほぼ完全に解読されたことが記憶に新しい．クリントン米国前大統領はその成果を「150歳まで生きたい人々の願いの実現に道を開く成果だ」と強調していた．

「健康で長生きをしたい」という願いは，私たちの日常的な感覚を超えて進みつつある．「生」をキーワードとして現代社会を見たとき，まず確認できるのがこの医療技術の進歩であろう．しかし，健康を保ちつつ200歳まで生きることが可能になったとしても，これはこれまでの技術的進歩と同様，人類が新しい一つの生き方の選択肢を増やしたことに過ぎない．「奇跡の薬」と呼ばれたペニシリンに代表される抗生物質の発見と開発は，20世紀医学の最大の功績といわれている．その成果が人類の寿命を延ばすことに大きく寄与したことは疑いえない．そして今，細胞の内部を「治療する」ことでさらなる長寿を人類は手に入れようとしている．

2世紀にまたがるその人生がばら色であるかどうかは，第三者が判断できることではない．しかし，人生200年が一般的になるような社会が「ばら色」，すなわち私たちが目指している社会の姿であるのかどうかは考えておく必要があるだろう．

そのために，まず「生」を取り巻く現在の状況がどのようなものであるのか確認しておきたい．

1. 「生」をとりまく現状

「私は自分の国で命が危なかったから来たのに収容された．人生がいらない．動物のようになった．動物でも一日一回は外に出る．犬も散歩する．ここは毎日死ぬが，一回だけ死んだ方がよくはないだろうか」．2001年9月11日以後日本政府の行った滞日アフガン人いっせい摘発は，タリバンの迫害から逃れアフガニスタンから来日した難民申請者を窮地に追い込んでいる．アフガニスタン難民申請者数は2001年だけで77名．そのうち難民認定されたのは1名である．上記の発言は，難民申請後，入管収容所に収容された19歳のハザラ人（アフガニスタンの少数民族）青年から発せられたものである．

2億4000万円と13万円．前者は，2001年9月11日の米国に対する一連の攻撃の被害者への補償金として米政府が提示した金額であり，後者は対アフガン戦争で米軍の誤爆などによって死亡したアフガニスタン人遺族に米側が支給した補償金の金額である（朝日新聞，2002年3月10日朝刊）．

「とうとう，今朝までで私共は食事が終わった．明日からは，何一つ，口にする物がない．（略）子供が先に死ぬのではないかと心配である．一緒に死なせて頂きたい，後に残った者が不幸だから」．1996年4月東京都豊島区で栄養失調で餓死した親子の遺体が見つかった．これは，41歳の病気の息子と暮らしていた77歳の母親が残していた日記の記述である（朝日新聞，1996年7月8日朝刊）．

ここに列挙したのは，日々新聞やテレビなどで報じられていることである．一見，関係のない出来事の羅列のようであるが，これら個々の現実を切り離さずに見るとき，私たちの「生」をめぐる現実が大きな矛盾を抱えていることを，直感として理解することはできるだろう．

「テロ」対策，治安維持という名目のもとに難民の「生」を尊重

できない社会とは，どのような社会であろうか．アフガニスタンでの犠牲者と米国での犠牲者との間にある 2000 倍近い補償金の格差をどのように受けとめればいいのだろうか．飽食のなかでの餓死という現実は，私たちに何を訴えているのだろうか．そして，これらの現実とは切り離されているかのように莫大な研究資金が投入され，「生」を延ばし，修復する研究が進められている．

　本章では，「生」のもつ「いのち」，「生命」，「生活」という多義的な意味を念頭におきながら，私たちの「生」に対する考え方を明らかにしてみたい．主な論点は，これまで「生命倫理」の問題として議論されてきたものとなる．しかし本章の目的は先端医療研究・技術の進展がもたらす「倫理的」問題の紹介や分析ではない．むしろ，その成立背景や「生」に対する考え方に焦点を当てることで何が見えてくるのかをとらえ，そして「人類 200 歳時代」がどのような色合いをもつ時代であるのかを考えてみたい．

2．「生命倫理」とは何か

　「生命倫理」は 1960 年代後半に米国で生まれ，展開した「バイオエシックス」の日本語訳である[1]．「倫理」というと規範的な意味合いが強い．ところが「生命倫理」で議論されている問題の多くには「倫理的な」模範解答に類するものはない．たとえば，日本においても脳死と臓器移植の是非が大きな問題となったが，その是非は論じる者の思想的背景やおかれている状況によって多様である．す

---

1) バイオエシックスの訳語として一般に「生命倫理」が用いられている．これは 1977 年上智大学の青木清氏が大学院でバイオエシックスのカリキュラム採用を文部省に申請した際，カタカナ書きが認められなかったため急遽訳出したものであるという（土屋，1998：19）．しかし，「生命倫理」と訳すとバイオエシックスが伝統的な「医療倫理」もしくは「医の倫理」の下位概念としてとられかねない．またバイオエシックスの輪郭を不鮮明にしていると指摘されている（米本，1985：101）．「生命倫理」と「生命倫理『学』」の違いについては（森岡，2001：iii–iv）も参照．

べての立場を納得させるような「模範解答」は見つかっていない．では，バイオエシックスは何を問題としているのだろうか．本節ではまずバイオエシックスの成立背景を概観しておきたい．

　米国でのバイオエシックスの成立背景として，一般に以下の三つの歴史的要因があげられる．第一にナチス医師の残虐行為を暴露したニュルンベルク裁判の衝撃．第二に人権擁護を掲げた市民運動に代表される社会運動の高まり．そして，先端医療技術の臨床応用によってもたらされた新たな倫理的諸問題である（川喜田・佐々木，1992：186；木村，1987：178-188）．

　1946年，ドイツのニュルンベルクで戦犯裁判が行われた．ここでは，戦争の指導者とは別に第三帝国医学界で高い地位にあり，国際的に高い評価を得ていた医師20名と行政官3名を対象として，彼らが戦争中に行った治療目的ではない単なる医学的研究のために実施された人体実験が裁かれた．その結果，ナチス体制下で医学研究の名のもとに行われた人体実験に対する批判が国際的に医学界の内部から起こり，翌年「ニュルンベルクの医の倫理綱領」が作成されることになる[2]．ここで明確に示された考えは「医学的研究においては，その被験者の自発的同意が本質的に絶対に必要である（第一条冒頭）」であり，ここにバイオエシックスの基本概念であるインフォームド・コンセント，さらにこれを支える患者，被験者の「自己決定権」の一つのルーツを見出すことができる．

　しかし，同意がなかったり，情報を十分に与えなかったりしてのさまざまな医学人体実験や治療処置による患者，被験者への人権侵害の事例は，その後も世界の各地で跡を絶たなかった．米国では，

---

[2] （フェイドン・ビーチャム，1994：120-123）参照．日本でも同じような医の倫理の境界を踏み越えた医学人体実験や生体解剖などが中・米・ソなど当時の敵国捕虜などを対象に行われた．しかし，日本ではこれらに携わった軍事医学専門家が占領軍との細菌兵器情報の取り引きの結果，戦争犯罪として訴追されることなく，日本の医学界も自らの問題としてこれらの人々を弾劾，処分することもなかった．さらに日本の医学者による人体実験（七三一部隊等）の規模の大きさ，組織的にこれを遂行していたという点がナチス医学者による人体実験との違いとして指摘されている（常石，1998：212）．

ニュルンベルク裁判の影響にもかかわらず，1960年代半ばごろまで，科学研究とその医学への応用が被験者の人権保障は等閑視されたまま推奨され，議会もその流れを支持していた．このような状況が大きく変わるのは1960年代後半に入ってからのことである．その背景には，人権運動，消費者運動，患者の権利運動，女性解放運動などをはじめとするさまざまな社会変革の運動の高まりがあった．

　さて，1970年代後半から1980年はじめにかけて，生命科学の飛躍的な進歩により体外受精や胎児診断，臓器移植などの先端医療技術が実験段階を越えて臨床応用されるようになった．これにともない，従来の「医の倫理」だけでは扱いきれない諸問題が噴出することになる．つまり社会全体としてこれらの先端医療技術のもたらすインパクトを受けとめていく必要が出てきたのである．ここから，医師以外の医療関係者を含めて医療体系全体の問題を再考すること，また医療とは直接関係のない自然科学の基礎研究や法律学，宗教学，社会学などの知見を包括する学際的な総合学問が求められたのだ[3]．

　医学研究者，もしくは国家権力に対して被験者の立場がいかに脆弱であるのかを示したニュルンベルク裁判．またこれが単に「戦争」という文脈によるものではなく広く見られることを告発し，その是正を求めた人権運動の高まり．そして人間の存在のあり方を鋭く問うことになった先端医療技術の臨床応用への展開．以上の背景がバイオエシックスという新しい学問領域の誕生を求めたのである．

　このように米国でのバイオエシックスは，抽象的な哲学や倫理学の議論から出発したのではなく，患者や被験者への不当な処置に対する告発，公民権運動や消費者運動，女性の解放運動から生みだされてきた[4]．たとえば「医師患者関係」をめぐる議論では，治療そのものの決定に対する倫理的な問題のみが問われたのではない．議論の前提として治療場面における患者のおかれていた立場が問題とされたのだ．社会的に女性や患者の権利が十分に保障されていない

---

[3] バイオエシックスの議論は，キリスト教神学，医学，法律学の相互乗入れによって形成されてきた．なぜならこれら三つの職域は伝統的欧米社会において人間の「生」のあらゆる場面——誕生，社会生活，死——に関わっているからである（エンゲルハート，1989）．

状況のなかで，社会的に弱い立場にあった「生」の当事者達が，自分のことは自分で決めることを求めたのだ．そこから，国家政策や男性，医師，医科学研究者によって抑圧された状況が問題とされていったのである．ここには倫理的な次元での解答はない．しかし明らかに実際に改善すべき，改善しうる問題はあった．「『答え』はないが『問題』はある」．この問題意識をバイオエシックス運動から確認することができる．そしてここに見られる「生」に対する考え方とは多様な「生の在り方」の承認だったのだ．

3．「自己決定」しうる「自己」をめぐって

　前節において，米国におけるバイオエシックスの展開を概観した．ここで確認することができるのは，ある意味で常識的な問題提起とその問題の克服に向けての運動である．ここからバイオエシックスの提起する一つの基本的な考え方，『自分のいのちは自分で決める』という自己決定の理念が練り上げられてきた（木村，2000：205）．これは，自分の生命や生き方について最終的に決めることができるのは，その当事者であるという，ある意味で常識的な事柄の「確認」である．
　しかし，私たちは本当に自己決定が可能な状況にあるだろうか．たとえば衣食住といった日常生活に関わることは，自分で決めているように思われるかもしれない．しかし，食品の安全性が問題になっているように，「何を食べるか」という私たちの生命の基本的な部分においても十分な情報公開がなされ，またその情報が十分に信頼

4）「生命倫理」の主要な論点である安楽死や中絶の倫理的問題は紀元前から論じられてきた問題である．しかし，バイオエシックスは抽象論ではなく，個々の具体的な場面において当事者となる患者や女性の権利を擁護するという運動を背景にしていたという点で，伝統的な医療倫理の現代版とはとらえられない側面をもっている（Callahan，1995：247–248）．

できるものでなければ「自分で決めている」ことにはならない．また医療サービスを受けるときにも，どのような治療を受けるのか，その危険と効果についての情報を得たうえでの患者の決定が制度的に保障されていなければ「自分で決めること」はできない．患者が医師から病状説明を受け，治療方針を患者本人が決定するインフォームド・コンセントが一般化したのは米国においても 1970 年代に入ってからである．日本においてはまだ理念だけが先行しているというのが現状であろう．『自分のいのちは自分で決める』という一見当然と思われるようなことが確認されなければならないのは，このような状況に私たちが生きているからなのだ．

　自分のいのちを自分で決めることができない状況を，私たちは歴史上数多く確認することができる．そして，その状況が長い間当然のことと見なされてきた．医師の指導に従順である患者が「良い患者」であり，食品や医薬品の安全性は専門家に任せておけば間違いはない．このような「常識」が広く確認されてきた．しかし，食品の安全性対策の不備や薬害問題，医療過誤が後を絶たない現状が次々と明るみに出ている．生をめぐる問題に対して，依然としてその自己決定の要求を続けていかなければならない状況に私たちは生きているのだ．このようにバイオエシックスの主張は，基本的な部分において依然として重要性をもっている．しかし，『自分のいのちは自分で決める』という明確なメッセージは生をめぐる状況を変革すると同時にさまざまな具体的問題点も照らし出すこととなった．その問題点を，「自己決定」する／しうる「自己」とは何かという視点から考えてみたい．

　主要な論点を三点あげておきたい．まず，自己決定をめぐる現実的な問題である．たとえば，現状の医療現場において患者と医師が対等に治療方針を話し合い，決定していくということは実質的に可能だろうか．制度的に十分な診察時間が確保されていなければ，患者が医師に対して十分な説明を求めることはできないだろう．また患者と医師の関係が対等であることが制度的に保障されていなければ，患者が自由に医師へ説明を求めることはできない．その結果，形式だけの説明に基づいた患者の「自己決定」が，医師による決定

を単に補完するものとなりかねないのである．生をめぐる決定が実質的に可能となるような具体的な状況が保障されなければ，「自己決定」は現状（医師による決定）を追認する言質となりかねないのである．

　次に，自己決定しうるような「自己」とは具体的に誰なのかという点を考えてみたい．たとえば，『自分のいのちは自分で決める』ことのできる主体として暗黙のうちに前提とされているのは，判断能力があり経済力や教養もある程度有した個人であろう．しかし，実際に患者となるのは判断能力の低下した人かもしれない．また経済的に本来必要な医療を選択できない状況にある人かもしれない．このように『自分のいのちは自分で決める』ことを強調することは，自分のいのちを自分で決めることのできない状況におかれている人々を視野の外へおきかねないのである．たとえば米国でのバイオエシックスは「白人のアングロサクソン，プロテスタント（WASP）の男性」を前提とした議論であるとの批判がなされている（Becker, 1997）．実際，目下世界一の経済的繁栄を誇っている米国では医療保険を受けられない人が4000万人いる（Health Insurance Coverage:2000）．さらに世界規模で考えるなら『自分のいのちは自分で決める』ことを要求できる立場にいる人とは，工業「先進国」に暮らすごく一部の人たちに限定されているのだ．

　最後に，決定を下す「自己」の一貫性の問題についての指摘をあげておきたい．ある決定がなされるとき，その決定を下す主体の一貫性が前提とされている．しかし，現実には私たちは流動的な状況のなかで暫定的，偶発的にさまざまな決定を下しているのではないだろうか．たとえば，がん治療の現場では民間療法も含めてさまざまな治療方法が選択肢として患者に提示されることになる．治療方法によって苦痛の度合いや効果などが異なる場合，自己決定が尊重されるなら，患者の決定によって治療方針が決められることになる．しかし，それで問題が解決するわけではない．なぜなら，その決定は不変，決定的なものとは限らないからだ．治療の進行状況や医師との関係，家族との関係のなかでさまざまな影響を互いに受け合いながら決定は下され，またその撤回の可能性も否定できないのが現

実なのである．

　これらの批判が指摘しているのは，『自分のいのちは自分で決める』という自己決定の理念を，手続き上の「切り札」としてはならないということである．前述したようにバイオエシックスの問題には模範解答はない．しかし現場では常になんらかの決定を下すことが求められている．そして，そこで下される決定が正当なものであることを保障するものとして登場したのが自己決定だった．しかし，これは必要条件ではあっても十分条件ではない．なぜなら「自己」とは，決して社会から切り離されてあるものではなく，個別具体的な状況のなかで現われているものだからだ．無色透明な自己を前提とするとき，『自分のいのちは自分で決める』ことは，強いられた「自己決定」や医療制度全体の抱える矛盾や問題を甘受し，決定の正当性を裏付けるための過大な役割を自己に要求することになってしまいかねないのである．

　「自己決定」とは下された決定に正当性を付与する「切り札」ではない．これは，私たちがどのような「生」のあり方を目指しているのかという社会観の問題なのである．社会観としての「自己決定」という視点が必要なのだ．

4．制御の対象としての「生」

　『自分のいのちは自分で決める』とき，決められているのは生をめぐる事柄である．具体的には，衣食住に関わることや婚姻，出産といった，どのような生き方を選ぶのかということである．もちろん，ここにバイオエシックスが議論の中心としてきた医療現場での決定も含まれる．ところで「決定する」ということは，その決定の結果を予測したうえでなされる．しかし，多くの場合その決定の結果を完全に予測することはできない．特に「生」に関わる領域においては，この「予測不可能性」が大きな意味をもっている．たとえば，いつ，何人の子どもを産むのか，男女どちらの性別の子どもを

産むのかといった決定は，常に決定当事者が「予測不可能性」を引き受けるという形でなされている．生殖技術の進んだ現在であっても常に予測どおりの結果が得られるとは限らない．そして想定していた結果とは異なる現実に直面したとき，その決定当事者はその意味を問うことになる．「なぜ子どもが産まれないのか」「なぜ障害をもつ子どもが産まれたのか」などである．

ところが，「生」をめぐる科学的知見の拡大とその技術的応用は，この「予測不可能性」を極小化させる方向で進んでいる．そして，「自己決定」が「生」の領域を予測可能な領域へと引き寄せる論理として用いられるようになっている．

極端な，しかし現実に起こっている例として「不法出生（Wrongful Birth）訴訟」をみてみたい．「Wrongful Birth」とは，他人の（この場合は医療従事者の）不法行為によって引き起こされた，欲せざる子ども（unwanted children）の出生である．具体的な事例では，医師が適切な処置，情報提供を与えなかった結果として遺伝性疾患を有する子どもが産まれてきた場合，その障害児の出生によって両親が負担した医療費などの財産的損害や，両親が被った精神的損害の賠償を求めて両親が医師を訴えている．また，同種の訴訟に「不法生命（Wrongful life）訴訟」がある．これは，多くの場合「不法出生訴訟」とともに起こされるものであり，障害児として産まれてきたことによって被った損害賠償を障害児本人（訴訟後見人がつく場合もある）が原告となって医師を訴える裁判である（根村，2001：132）．不法出生訴訟は，1967 年米国ニュージャージー州において初めて判決が下された後，数多くの同種の訴訟がなされ，すでに膨大な数の判決が下されている．そして原告である両親が勝訴する例が相次いでいる．

これらの裁判において原告が勝訴するということの意味を端的に表わしている見解を紹介したい．

「ある状態においては，存在しないことの方が，障害ある状態で生きるより好ましい（preferable）場合がある．」

これは障害児本人が医師を訴えた「不法生命訴訟」（「タービン対ソルティーニ（Turpin v. Sortini）」判決）においてクラウス判事

が示唆した見解だ．「不法出生訴訟」および「不法生命訴訟」が，「障害をもって生きること」と「生まれなかったこと（存在しないこと）」との比較で起こされる以上，このような見解が示されることは理解しうる．問題は，これが社会のあるべき姿についての判断を示す司法の場で示されているということだ．そして，司法がこのような訴訟を認めたことの影響として，医師が訴訟に巻き込まれることを恐れて出生前診断の頻度が高くなり，その結果判明した障害をもった胎児の人工妊娠中絶を勧める傾向が強くなったことが指摘されている（根村，2001：132-138）．

　決定に際し予測不可能な事態を排除していくということは，決定の結果はすでに決定者によって定められたこととなる．すなわち，決定される事柄は決定者の制御の下におかれているということである．自己決定が強調されるとき，生命医科学技術の進展による成果も選択肢として提供されることになる．そしてすでに出生前診断が可能な特定の障害や疾患をもつ子どもの出生率が急激に低下している．すなわち，出生前診断によって胎児に何らかの障害や異常が認められたとき，その胎児を選択的に中絶することは当事者（親）の決定に基づいて行われているのだ．このような自己決定に根ざした優生学が現在「自発的な優生学」として問題となっている（松原，2000：235）．

　『自分のいのちは自分で決める』というバイオエシックスの理念は，生に関わる事柄が社会によって制御されることを拒絶した．これは，個々の生のあり方の多様性の承認を求める要求だったのである．しかし，生に対する自己決定がその当事者に投げ出されるとき，結果として生を制御の対象としてみる現実に私たちは直面することになったのである．

おわりに

　現代社会において私たちの「生命に対する考え方」に焦点を当て

たとき，見えてくるものは「制御」への欲求であり，それを可能とするような技術の進歩である．そして自己決定ということが個々の決定を正当化する切り札としてこの流れを是認するならば，生のもつ「意味を生み出す力」は枯渇していくことになるだろう．そして，制御の及ばない生のあり方に対する想像力も欠落していくことになる．生に対する自己決定とは切り札ではない．むしろ，どのような具体的状況のなかでその決定が下されたのかを検討するための一つの出発点なのである．

そしていま，私たちのおかれている生をめぐる具体的状況がグローバリゼーションの推し進めている「生の文脈化」である．「生の文脈化」とは，どのような社会状況（文脈）のなかで生を営んでいるのかという点が決定的に重要になるということだ．そして，その文脈の抱える問題はグローバリゼーションによって骨抜きにされ，固定化されつつある．その身近な例が飽食と飢餓である．世界で約8億人の人々が飢餓で苦しむ一方で大量の食糧が廃棄されている．そして，飽食を支える飢餓という構造の先には臓器売買がある．その現実は，移植学会で売買された臓器の移植手術成績が報告されるまでに至っている（アジア移植学会，1989年11月26日「アジア移植学会で臓器売買での移植手術論議：インドの実例を発表」朝日新聞，1989年11月27日朝刊）．臓器を売らなければ生活できない状況におかれている人々の存在と，「臓器」が商品となりうる状況が固定化されなければ，臓器売買は成立しない．冒頭で列挙した生をめぐる状況の抱える矛盾は，この大きな流れのなかで理解されなければならない．そして人類200歳時代へ邁進する医学研究の背景に，このような矛盾を抱えた社会の姿があることを直視する必要があるのだ．

本来，「生」は多様なものである．性差，年齢，「能力」や「障害」の有無など多様な生のあり方が共存しているのが社会である．その多様性を保障する理念として「自己決定」をとらえる必要がある．すでに指摘したように，決定を下す「自己」は社会から切り離された存在ではない．既存の社会の価値観の影響を受けながら，多くの場合葛藤を抱えながら自己決定はなされている．その葛藤を社会が

支え,そして葛藤を生み出す既存の社会のあり方を常に批判的検討の俎上に載せていく必要があるのだ.

　生の多様なあり方から発せられる自己決定を尊重すること.これは観念的な理念ではない.生の当事者である私たちが明確な意思と具体的な行動によって獲得していくものなのだ.人類200歳時代が自己決定を切り札にして進められるならば,2世紀にわたる人生の舞台となるその社会は,豊かなものとはなりえないだろう.人類200歳時代がどのような色合いを帯びるものになるのかは,統制の及ばない生の豊かさ,すなわち社会の豊かさを保障することにかかっているのである.

＜参考文献＞

Becker, C., 1997, Problems of "Principlism" in WASP Bioethics, 2nd Congress of the East Asian Association of Bioethics.

Callahan, D., 1995, Bioethics, Encyclopedia of Bioethics, 2nd edition, New York Macmillan.

H. T. エンゲルハート（加藤尚武・飯田亘之監訳）, 1989,『バイオエシックスの基礎づけ』朝日出版社.

R. フェイドン・T. ビーチャム（酒井忠昭・秦洋一訳）, 1994,『インフォームド・コンセント』みすず書房.

川喜田愛郎・佐々木力, 1992,『医学史と数学史の対話』中公新書.

木村利人, 1987,『いのちを考える：バイオエシックスのすすめ』日本評論社.

―――, 2000,『自分のいのちは自分で決める』集英社.

松原洋子, 2000,「日本―戦後の優生保護法という名の断種法」米本昌平・松原洋子・橳島次郎・市野川容孝『優生学と人間社会』講談社現代新書.

Health Insurance Coverage: 2000, 2001, U.S. Department of Commerce Economics and Statistics Administration U.S. Census Bureau.

森岡正博, 2001,『生命学に何ができるか』勁草書房.

根村直美, 2001,『バイオエシックスの諸相』創英社・三省堂書店.

土屋貴志, 1998,「『bioethics』から『生命倫理学』へ」加藤尚武・加茂直樹編『生命倫理学を学ぶ人のために』世界思想社.

常石敬一, 1998,「医学と戦争」斎藤隆雄監修・神山有史編『生命倫理学講義』日本評論社.

米本昌平, 1985,『バイオエシックス』講談社現代新書.

第12章

死の臨床
──誰のための医療化？

鶴若麻理

はじめに
1. ホスピスについて
2. 末期患者のスピリチュアリティ
3. 末期がん患者とのかかわりから：スピリチュアル・ニーズについて
4. 看取りの思想
おわりに

はじめに

　近代医療の発展により，乳児死亡率や感染症による死亡は飛躍的に減少し，また救急医療の充実は多くの人々の命を救えるようになった．医療における高度の技術と専門性は，あたかも死を拒否できるかのような錯覚さえも人々に与え，死のタブー視を強めていった．医療に携わる者だけではなく，患者となる私たちも知らず知らずのうちに，どんな病気にかかっても必ずや治るのではないか，新しい治療法がすぐに手に入るだろうと，医療に不可能はないかのような考え方を身につけてしまっているといえよう．

　医学のゴールは病気を治し，命をできるだけ長く保つこと，そのような治療中心，延命主義の傾向が加速され，死にゆく人々や治癒不可能な病を抱えている人々への関心が薄れ，患者と家族を，孤独と苦しみのなかに閉ざしてしまうことになっている．病院で死を迎える人が多いなか，愛する人の臨終さえも，多くの器機に囲まれ，死にゆく人の傍らであたたかく看取ることができない，言わば「死の医療化」が助長されている．

　米国では，1960年代から70年代にかけて，一般市民や学生たちによる市民運動と連動して，患者の権利運動，つまり過度に高度・専門化された医療において，医療者中心の価値判断によってさまざまな治療が行われ，患者の価値観や選択，希望が反映されることが少なくなったことへの根本的な問題提起を原動力として，バイオエシックス（bioethics）が形成されてきた．バイオエシックスは，生命に関する既存の価値基準や倫理・道徳判断の問題を，超学際的視座から総合的に研究するもので，いのちの尊厳と個々の多様性を尊重した発想と，いのちを守り育てる草の根的人権運動がその基盤にある．

　わが国では，バイオエシックスは生命倫理学と訳されることが多いが，ここでは，この生命倫理学の視座をとおして，死の臨床から

見えるものを抽出したい．

1. ホスピスについて

1.1. ホスピスの誕生

ホスピス（hospice）という言葉は，ラテン語の「hospitium」に由来している．羅和辞典によると，「客を厚遇すること，丁重なこと」「接待，饗応」「宿」という意味をもっている．

中世ヨーロッパでは，聖地への巡礼や旅行者，病人，貧しい人々を休ませた無料の宿泊施設があり，それがホスピスであった．そのうち時代とともに，旅人の宿泊施設というよりも，病人や貧困者の看護に重点をおき，さらに末期患者のケアを専門にする施設が生まれた．最初の近代ホスピスは，1879年，アイルランドの首都ダブリンに，愛の姉妹会（Irish Sisters of Charity）のマザー・メアリー・エイケンヘッドにより設立された．また1906年には，エイケンヘッドと同じ修道会のシスターたちがロンドンに渡り，聖ジョセフ・ホスピスを設立した（デーケン他，1991）．こうして末期の患者を支える施設として，ホスピスが誕生したのである．これらの基盤にあるのは，キリスト教精神に基づく修道会やナースたちの献身的な奉仕であった．

この近代ホスピスの流れは，1967年ロンドン郊外において，イギリスの女医シシリー・ソンダースによって創設された，末期がん患者を収容した聖クリストファー・ホスピスへとつながっていく．これが現代ホスピスのはじまりである．ソンダースは，過度に高度化した医療の流れに対して，死は誰にも避けられない自然な出来事として敬意をはらい，できるかぎり苦痛を緩和し，死にゆくプロセスを共に向き合うという理念のもと，病める者を最期まであたたかく看取るという徹底的なケア（care）の実践を説いたのである．それは，患者を全人的にとらえる，全人的医療（Holistic Medicine）の提起でもある．また同時期に，スイス生まれの精神科医エリザベ

ス・キューブラー・ロスが，『On Death and Dying』（邦題：死ぬ瞬間）を発表し，死にゆく患者がどのような心理的プロセスをたどるのか，末期患者へのインタビューを通して明らかにした（キューブラー・ロス，1971）．

これらを大きな契機として，現代医療への批判と反省から，死の臨床（Care of Death and Dying），言い換えればターミナルケアが注目されることになっていったのである．特に米国におけるホスピス運動は，尊厳と希望のあるいのちの終わりを迎えたいという末期患者の人権を求める草の根的な運動をとおして展開していった．

1.2. ホスピスケアの理念

ホスピスというのは，単に設備や施設のみを指すのではない．主として末期がん患者のためのさまざまな援助プログラムを提供しようというケアのコンセプト，および実践の総称である．

ホスピスケアの特徴をあげてみると，まず患者のクオリティ・オブ・ライフ（Quality of Life）を高めることである．クオリティ・オブ・ライフは，生活の質，生命の質，人生の質などと訳されているが，主としてターミナルケアでは，生命の質や人生の質といわれることが多い．患者のクオリティ・オブ・ライフを高めるためには，適切に症状マネージメントを行うことが重要である．ソンダースは末期がん患者の身体的苦痛に関して，モルヒネの積極的使用を提言した．また，クオリティ・オブ・ライフの向上には，環境面への配慮，たとえば，ホスピス内における雰囲気の明るさ，あたたかさ，希望にあわせた入浴や食事時間，面会時間の確保なども必要とされる．

ソンダースは，その数多くの臨床経験から，末期がん患者には，身体的痛み，心理的痛み，社会的痛み，スピリチュアルな痛み（Spiritual Pain）の4つの痛みがあり，それらは複雑に絡み合っており，トータルペイン（Total Pain：全体的苦痛）としてとらえるべきであると強調する（Saunders，1978：7-8）．この4つの痛みについて，簡単に説明すると，身体的痛みは，がんにともなう痛み，吐き気，呼吸困難，全身倦怠感などのさまざまな身体的症状．

心理的痛みは，不安，いらだち，孤独感，恐れなど．社会的痛みは，加療や入院などによって生じる仕事や経済上の問題に関係する．そしてスピリチュアルな痛みであるが，死を目の前にして，自分の存在する意味や目的を見失ってしまったときに感じるような絶望的な苦悩．たとえば，自分が何のために生きてきたのだろうか，なぜ自分だけ苦しまなければならないのかなどと表現されることが多い．よってホスピスケアでは，患者の抱えているトータルペインに対して，全人的にケアをすることが大きな柱となる．

　ホスピスケアの前提となるのは，患者と家族は一つのケアのユニット，つまり家族もケアの対象ということである（Saunders, 1978：195）．そこで，最愛の人を失うという危機的な状況に直面した家族に対して，患者の死後もその悲嘆のプロセスへの支援，たとえば，患者を偲ぶ会や，スタッフとの手紙のやりとりなどが継続して行われる．

　このような患者と家族のさまざまなニーズに対応するためには医師やナースのほかに，ソーシャルワーカー，カウンセラー，チャプレン（病院つき牧師），栄養士，音楽療法士，ボランティアなど，各分野の専門職が協力してチームケアを行う．

　したがって，患者および家族と十分なコミュニケーションをとり，また彼らの決定を保証，尊重していくことはホスピスケアの基盤となる．これは患者の価値判断や倫理観を踏まえたうえで，医療を行うという自己決定を重視した生命倫理学の視座と通じるものである．

1.3. わが国の現状

　わが国の施設としてのホスピスの誕生は，1981年，聖隷三方原病院（静岡県）の院内独立型のホスピス棟開設をはじめとする．その後，院内病棟型として，1984年に淀川キリスト教病院ホスピス病棟（大阪府），独立型として1993年にはピースハウスホスピス（神奈川県）が設立されている．現在わが国の緩和ケア病棟承認施設は，113施設2139病床となっている（2003年1月10日現在）．緩和ケア病棟とホスピスは，ほとんど同じ意味で使用されているが，わが国では「緩和ケア病棟」が公式の名称になっている．

ホスピス誕生以前の1970年代から，わが国でも死の臨床へ関心が向けられてはいた．1973年，淀川キリスト教病院の精神科医の柏木哲夫がOCDP (the Organized Care of the Dying Patient) と呼ばれる末期がん患者へのチームアプローチを開始し（柏木，1977），1974年には河野胃腸科医院の河野博臣による『死の臨床：死にゆく人々への援助』（医学書院）（河野，1989）が出版された．なおわが国では「死の臨床」という言葉を最初に用いたのは河野である．1977年，鈴木内科医院の鈴木荘一は，在宅で患者を看取るミニ・ホスピスを開始し（鈴木，1985），1978年には日本大学の岡安大仁と季羽倭文子を中心に，日本大学付属板橋病院においてターミナルケア検討会が開始されている（岡安，2001）．またわが国の死の臨床に大きな貢献を果たしてきた，日本死の臨床研究会も1977年に発足した．

　1980年代後半には，日本がん看護学会，がんと精神医学，心理学との関係を中心に研究する日本サイコオンコロジー学会，ホスピスケア研究会，生と死を考える会など，死の臨床に関する学会，研究会などが，専門家のみならず市民レベルでも誕生した．1987年には，旧厚生省による「末期医療に関するケアのあり方検討会」が設置され，1990年には緩和ケア病棟承認基準がつくられ，一定の施設基準を満たすホスピスや緩和ケア病棟に対して公的な援助を行うことが決められた．

　世界では，1980年代後半から，緩和医療（パリアティブ・メディシン）の専門性，つまり，がん患者の苦痛をいかに緩和していくのかという専門的アプローチに，関心が向けられるようになってきた．わが国でも1996年に日本緩和医療学会が設立している．

　わが国においては，1980年代に入ってホスピスが誕生するが，それ以前の1970年代から先駆的な医療従事者を中心として，死の臨床への関心と実践が少しずつ行われてきた．さらに自分のいのちの終わりを，また愛する人の看取りに関して市民の間でも関心が向けられつつある．

2. 末期患者のスピリチュアリティ

　末期患者は，不公平な現状や過去の事象への激しい怒り，自分自身に価値が見出せなくなったなどの深い苦悶，言わば人生の意味を求める—スピリチュアル—痛みを経験し，それに対処するための助けを必要としているという (Saunders, 1988, 1989)．筆者が1996年に訪問した米国のノーザン・バージニア・ホスピスでも，当ホスピスが求める目的として，患者のスピリチュアルな側面をサポートする，スピリチュアルケア (Spiritual care) があげられていた．

　欧米においては，医師，ナース，チャプレン（病院つき牧師），ソーシャルワーカーなどさまざまな立場から，スピリチュアルケアに関する研究が行われ，どの領域でもスピリチュアルケアの重要性が強調されている（鶴若他，2001）．それは祈りや聖書を読むなどの宗教的ケアだけではなく，傍らに寄り添う，コミュニケーション，尊敬の念をもって接するなどが基盤とされている (Saunders, 1988；Kendal, 1999)．北米看護診断協会では，看護診断として，「Spiritual Distress（魂の苦悩）」も定義されている (North American Nursing Diagnosis Association, 1999：67)．

　世界保健機構 (World Health Organization：WHO) は「スピリチュアル」を，『「スピリチュアル」とは，人間として生きることに関連した経験的一側面であり，身体感覚的な現象を超越して得た体験を表わす言葉である．多くの人にとって「生きていること」がもつ「スピリチュアル」な側面には宗教的な因子が含まれているが，「スピリチュアル」は「宗教的」と同じ意味ではない．「スピリチュアル」な因子は身体的，心理的，社会的因子を包含した人間の「生」の全体像を構成する一因子とみることができ，生きている意味や目的についての関心や懸念とかかわっていることが多い．とくに人生の終末に近づいた人にとっては，自らを許すこと，他の人々との和解，価値の確認などと関連していることが多い』（世界保健

機構編, 1993) と定義している.

　この世界保健機構によれば,「スピリチュアル」という言葉の意味には宗教的な因子が含まれるが, さらに, 広く人間の生き方や価値観などに大きく関わっていると理解されていよう.

　わが国でも, 臨床を中心とした全人的ケアのあり方をさまざまな立場から追求するために, 1977年に発足した日本死の臨床研究会などを通して, 医療従事者を中心に, 末期がん患者のスピリチュアリティ（Spirituality）やそれらへの対応が検討されてきた（日本死の臨床研究会, 1999；鶴若他, 2000）.

3. 末期がん患者とのかかわりから：スピリチュアル・ニーズについて

　1997年, ソンダースによる来日講演の際, 末期患者のスピリチュアルな痛みについての質問が寄せられた. 彼女は, スピリチュアルな痛みは国境を越えても変わらない, 自分の生きている意味は何だろうか, 自分は何をなし遂げたのだろうかという意味を探る, そういうスピリチュアル・ニーズ（Spiritual needs）を末期患者はもっていると述べている（ソンダース, 1997：373）.

　以下において, 1998年よりホスピスでボランティアを行ってきた経験により, そこでの末期がん患者とのかかわりから, スピリチュアル・ニーズは具体的にはどのような言葉で表現されるのかを紹介したい[1].

---

1) 患者の生育歴, 病歴などの詳しい情報についてはプライバシーの点で控えた. 長い記録の一部を紹介しているため, 文脈の通りにくい部分もあろうが了承いただきたい. また, 私は研究という目的をもちながらのボランティア活動であり, 奉仕として活動をされている人々とは同じ立場ではないということをお断りしておく.

3.1. どうして私だけが……

80歳代のAさんとは，散歩，買い物，食事介助，喫煙のお手伝いなどをとおして，3カ月あまりのかかわりをもった．Aさんの言葉を少し紹介する．

「もう生きていたってしょうがない！」
「何にもできなくなっちゃった！　どうする？　どうするよ！」

「私だけがいつもつらい目にあっている」
「自分だけが苦しい思いをしている」
「もう世の中に戻れない……」

「私の話は役に立つよ」
「子どもが一人前になったのは，私の誇り」

これらAさんの話す調子や言葉遣いをみると，心理的側面では苛立ち，怒り，不安な状態が見てとれる．刻々と衰えていく身体能力を目の当たりにして，死が近いことを察して，今，自分は何を目的に生きていけばいいのか，自分には価値がなくなってしまったという強い怒りと悲しみが表現されている．また「私だけが……」，「自分だけが……」という不公平な感情も表現され，「世の中には戻れない」という言葉からは，今までと同じように社会的役割を果たすことができないという社会的苦痛をも感じられる．

そういうなかでも，会うたびに，今までの自分の人生の教訓を私に伝えようとされ，また子どもをとおして母親としての自分の存在を見出そうとされていた．

3.2. 外出したい

60歳代のBさんとは，外出をとおしてかかわりをもった．Bさんの言葉を少し紹介する．

「息苦しいし，足がこんなにむくんじゃって……」

「ああ，本当にガタがきちゃった……．急にだから．このままダメになっちゃうのかな……」
「こんなにつらくて生きていたくないよ」
「タバコを吸いにここへ来る以外楽しみなんてないよ．でもタバコもおいしく感じられなくなったよ」

「何がほしいというわけじゃないけど，外出したいな」

「街の空気が吸えてよかった」
「また外出したい」

　刻々と悪化する身体的状況を目の当たりにして，楽しみにしていたタバコさえもおいしく感じられない状況で，何に生きる希望を見出していいのか苦しまれていた．スタッフに外出したい意向を伝えており，何とか生きる支えを外出に見出そうとしていたＢさんの姿が浮かび上がってくる．
　外出当日の体調はすぐれなかったが，本人の強い希望により，車椅子などを使用せずに通常の交通手段で外出することになった．外出したことで，よりいっそう自分の身体状況の厳しさを痛感することになったが，今までと同じように自分の足で街を歩けたことに喜びを表現された．外出という行動，それはまさにＢさんにとって生きているということを実感させることになった．

3.3. 行く道は一つなのだね
　80歳代のＣさんは，水墨画，短歌，踊りなどの素養があり，それらを教えてもらったり，共に行ったりすることをとおして，入院から亡くなるまで約６カ月間，長期的なかかわりをもった．

「主人と離れ離れになってみると，寂しいね．私がこんな風にならなければ……」
「食べるとおなかの調子が悪くなるけど，食べなきゃ死んじゃう」

「こんな身体になって，主人に何もしてあげられないよ」
「このまま，ここで死ぬのを待つしかないよ．ああ！ 人生終わっちゃった」

「一日でも長く生きよう，食べなきゃ死んじゃうと思うのはやめるよ」
「デンと構えていたい」
「感謝しなくちゃいけない」
「愚痴を言いたくない」

「部屋を整理したい」
「遺産のこともはっきりさせたい」

「百人一首を読んでみると，悲しい歌が多いね．昔の人もみんなつらかったのだね」
「よく考えれば，行く道は一つなのだね」
「最後の時，私の息がなくなる時，主人にそばにいてほしい」

　最初は，自らのおかれた現状に対して，怒り，悲しみ，あきらめ，後悔の念などが表現されていた．しかし，時が経つにつれて，「感謝しなくちゃいけない」，「愚痴を言いたくない」など，今までの自分の価値観を変化させたいとの意思が表現され，また最期の時を前にして，部屋や遺産の問題など，身の回りを整理したいという，これからの生き方を模索しているCさんの姿が浮かび上がってくる．
　百人一首の歌などを通して，残りの日々を自分なりに生きていくことが大切であると考えられ，愛する夫に看取られたいという自分の最期のあり方をも思索するに至っている．

3.4. もっと聴いてほしい
　80歳代のDさんは，家族がよく見舞いにみえていたが，病室で一人になると，手をたたいて誰かを呼んでいることが多かった．院内の散歩などをとおしてかかわりをもった，Dさんの言葉を少し

紹介する．

「こんな良い天気だったら動ければ洗濯するのに……」
「全部自分でやっていたんだよ，だめだね……」

「不安ばかりでしょうがないよ」

「みんなあっさりしているね」

　他の3人と同様，刻々とやってくる身体の衰えに大きな苦しみと悲しみを感じている様子であった．それは，洗濯や食事などの身の回りのことが，人の手を借りなければなし得なくなってしまったという言葉から，如実に感じられる．
　「みんなあっさりしているね」という言葉は，私が「不安な気持ちを誰か聴いてくださいますか」と問いかけたところ返ってきた答えである．ここからは，「もっと自分に目を向けてほしい，苦しみを聴いてほしい」という気持ちが表現されていよう．

　以上，末期がん患者のいくつかの言葉からは，ソンダースの指摘するスピリチュアル・ニーズ，つまり，人生の意味への問い（Search for Meaning）が，さまざまな形で表現されていることがわかると思う．自分の存在が消滅してしまうような恐れのなかで，自分は何のために生まれ，何のために生きているのかという，自己の存在そのものへの問いが投げかけられている．しかし，そのような強烈な自己存在のゆらぎのなかにあっても，過去を振り返ることによって，外出するという行動をとおして，また子どもの存在を自分の存在に重ね合わせることによって，自分なりに自己の存在の意味を見出そう，確認しようとする姿が浮かび上がってきた．
　「自分は何もできなくなった」，「何もしてあげられなくなった」などの，自分自身に価値が見出せないという思いは，刻々と迫ってくる身体的衰えへの認識と大きくかかわりながら，4人とも共通して表現されていた．よってスピリチュアル・ニーズは，必ずしも単

図1 人間の4つの次元

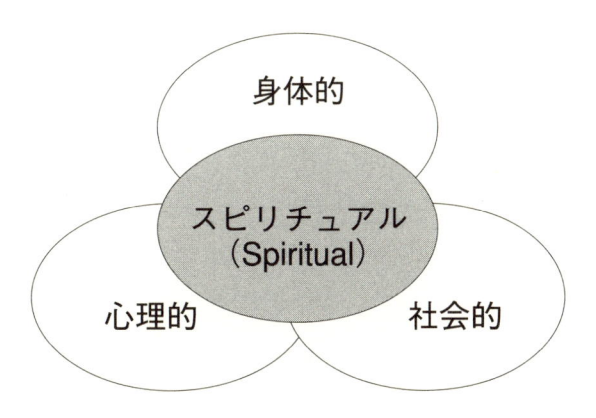

```
        身体的
     ┌─────────┐
     │スピリチュアル│
 心理的│(Spiritual)│社会的
     └─────────┘
```

資料：R.トワイクロス，1995より

独または直接に表出されるものではなく，むしろ身体的，心理的，社会的諸要因と密接にかかわって表出されるものであることが示唆されているといえる．スピリチュアル・ニーズは，この三者の強い関連のなかで把握されなければならないと思う．

　図1にあるように，マイケル・ソベル・ハウスのトワイクロスは，スピリチュアルとは，宿っていても見えないもの，他の三つを包含しそして統合するものであると述べている（トワイクロス，1995：5）．すなわち患者の表現する言葉・感情の背後にある意味に配慮していく必要があるだろう．まずは，患者がスピリチュアル・ニーズを表現できるような環境を整えることが大切である．それは症状マネージメントや十分なコミュニケーションをとることにつながる．

4．看取りの思想

　ここでは，生命倫理学の視座を通して，死にゆく人々へのケア，つまり死の臨床をとおして見えてくるものを抽出したいと思う．

4.1. 死のタブー視からの脱出への努力

まず，死のタブー視からの脱出への努力があげられるだろう．医療の専門性と高度化は，治療，延命を重視し，死を敗北と見なすようになっていった．しかし死は誰にも訪れるものであり，死にゆく人々を最後まで見放さず，看取っていくことは，医療の大きな役割であることが浮き彫りにされた．

4.2. ホスピスの啓蒙と普及

次に，ホスピス，緩和ケアの必要性への啓蒙と普及があげられる．今まで述べてきたように，先駆的な医療従事者による堅実な活動や実践をとおして，ホスピスや緩和ケアの必要性が認識され，促進されてきたのはいうまでもない．しかし一方，一般市民の活動も見逃すことはできない．現在では日本の各地に，市民を中心としたターミナルケアに関する研究会が組織されている．これらは，医療に携わるものだけではなく，むしろ一般市民の側からも，死の看取りへの関心が高まっていることの現われであろう．末期にある患者が自分の病状を理解し，これからの日々をどのように過ごしていくのかを患者自身が選択をする，それはまさに患者中心（patients centered）の医療，インフォームド・コンセントの必要性をも促すことになったといえよう．

4.3. 末期がん患者のスピリチュアリティへの理解の深化と対応の向上

また，末期がん患者のスピリチュアリティへの理解の深化と対応の向上もあげられよう．末期がん患者の言葉を紹介しながら，死にゆく人々のスピリチュアリティというものを検討してきた．彼らは，自分の存在が消えてしまうのではないかという恐れのなかでも，何とか自分の存在する意味や目的を見出そうとしていた．存在の意義そのものを問われている末期患者にとって，自らの存在意義を見出すためには，尊厳をもった人間として周りから尊重されることが必要になってくる．そのためには，患者との誠実な愛のあるコミュニケーションを保証することが重要である．患者を一人の尊厳をもっ

た人間存在とする，まさにそのような理解やかかわりが医療に求められているといえよう．

4.4. ボランティアの意義

さらに，ボランティアの存在というものもクローズアップされるだろう．ソンダースは，聖クリストファー・ホスピスのボランティアの例を取り上げながら，ボランティアはいかなる治療にもかかわっていないので，患者の話を傾聴することに大きな役割が見出されると指摘している (Saunders, 1988)．

ある患者から「素人ならではの安心感がある」と言われたことが強く印象に残っている．医師やナースという専門家に囲まれ，窮屈を感じるときにボランティアの姿をみると，安心するという．医師には身体のこと，ナースには家族のことや心配事などを中心に話をするが，ボランティアにはというと，時には病院やスタッフへの不満などをもらすこともある．医師やナースには言えないことを言える人が存在する，すなわちそういう意味において，ボランティアは大きな意義をもつと思う．

4.5. わが国の今後の課題

ここまで，死の臨床から見えてくるものを列挙してきたが，わが国における死の臨床の現状はいまだ多くの未解決点を残していることも事実である．

わが国の死因の年次推移をみると，悪性新生物つまりがんは，一貫して上昇を続け，1981年以降死因第1位になり，全死亡者に占める割合も2000年には30.7%となった．全死亡者のおよそ3人に1人が，がんで亡くなっていることになる（厚生労働省，2001）．一方，わが国の緩和ケア病棟承認施設数や病床数をみてみると，施設数は急激に増えてきているが（図2），がんで亡くなる人の数と比較すれば，ホスピスケアを享受できる人は限られていることが明らかである．がん患者の多くが，ホスピスではなく，一般病棟に入院している現状を考えれば，一般病棟での緩和医療の充実を図ることが先決であろう．

図2 緩和ケア病棟の施設数と病床数の推移（1991-2001）

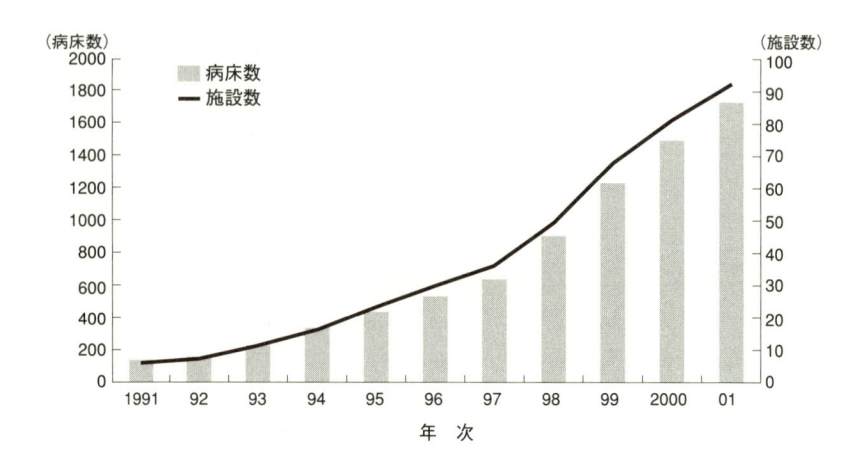

　また，わが国の緩和ケア病棟承認施設におけるホスピス・緩和ケアの基準によれば，入院の条件は，がんとエイズが対象であるとされている．しかし事実上，がんの患者に限られているといえる．がん以外の疾病へのターミナルケア，さらに高齢者へのターミナルケアは，今後に残された重大な課題といえよう．

おわりに

　生命倫理学の視座からみれば，死の臨床，つまりターミナルケアそのものの必要性は当然のことであるが，死にゆく人々への看取りにおいて大切なことは，患者の心身の苦悩が最大限に除去され，患者の自己決定と希望，尊厳が保たれるように全人的に支えていくことである．具体的には，患者や家族のいのちの終わりをめぐる選択および決定が保証されるような環境づくりと，誠実なコミュニケーションがまず重要となろう．
　英国ではじまった現代のホスピス運動は，死をも医療化してしま

う現代の医療に対して,死にゆく人々をひとりぼっちにしない,またいのちの終わりを自分らしく充実して過ごしたいという市民の運動のなかから生まれてきた.医療専門家は,死の臨床において重要な役割を果たすべきであることはいうまでもないが,家族そしてボランティアのような共にいのちを見つめる人々と一緒に,いのちの終わりをみんなで支えていくことは,死にゆく人々にとって最大の慰みとなろう.

　私たちは高度化した先端医療を認めながらも,医学は決して死を排除することはできないということを考えなければならない.それは死に向かう私たち一人ひとりの生のあり方が重要になってくることを意味するにほかならない.つまり,死の臨床(Care of Death and Dying)は,病める者,死にゆく者を最後まで,あたたかく見守る看取りの思想であり,それは医療における切実なテーマであると同時に,広く人間の尊厳,人間の生き方,ありようそのものを浮かび上がらせるものである.

<参考文献>

A. デーケン・飯塚眞之,1991,『日本のホスピスと終末期医療』春秋社.
柏木哲夫,1977,『死にゆく人々へのケア:末期患者へのチームアプローチ』医学書院.
河野博臣,1989,『新版　死の臨床』医学書院.
木村利人,2000,『自分のいのちは自分で決める』集英社.
厚生労働省,2001,「平成12年人口動態統計月報年計の概況」『厚生の指標』48(8):42-43.
E. キューブラー・ロス(川口正吉訳),1971,『死ぬ瞬間』読売新聞社.
日本死の臨床研究会,1999,「スピリチュアルペイン」『死の臨床』34: 153-158.
North American Nursing Diagnosis Association, 1999, "Nursing Diagnoses: Definitions & Classification1999-2000," Philadelphia, North American Nursing Diagnosis Association.
岡安大仁,2001,『ターミナルケアの原点』人間と歴史社.
小原信,1999,『ホスピス:いのちと癒しの倫理学』筑摩書房.
Saunders, C., 1978, "The Philosophy of Terminal Care," Saunders, C, Sykes, N., ed, The Management of Terminal Malignant Disease, London, Arnold, 193-202.
―――, 1988, "Spiritual Pain," Journal of Palliative Care, 4(3):29-32.
―――, 1989, Living with Dying: the Management of Terminal Disease,

Oxford, Oxford University Press.
C. ソンダース,1997,「ホスピスケアの原点と実践」『ターミナルケア』7(5): 349-367.
鈴木荘一,1985,『死を抱きしめる』人間と歴史社.
鶴若麻理・岡安大仁,2000,「末期がん患者のスピリチュアルニーズについて」『生命倫理』11:58-63.
————,2001,「スピリチュアルケアに関する欧米文献の動向」『生命倫理』12:91-96.
R. トワイクロス,1995,「第2回ホスピス国際ワークショップ:末期癌患者の疼痛緩和および症状のコントロール」財団法人ライフプランニングセンター・ピースハウスホスピス教育研究所編『1994年度活動・研究業績集』:5.
世界保健機構編(武田文和訳),1993,『がんの痛みからの解放とパリアティブ・ケア』金原出版.

第 13 章

社会のなかから見えるもの
―― われわれは何を知っているのか？

圓岡偉男

はじめに
1. 社会のなかの個人
2. 個人のなかの社会
3. 差異と意味の社会的構成
おわりに

はじめに

　日々，テレビから，新聞から，あるいはインターネットから，大量に，しかも絶え間なくさまざまな情報が，われわれに提供されている．そのようななかで，われわれはいろいろなことを知り，そして知っていると感じる．確かに，知っているのだろう．しかし，どこまで知っているのだろうか．あるいは，どこまで正確に理解しているのだろうか？　われわれが日々当たり前だと思っていることは，本当に当たり前なのであろうか？

　先端的な科学技術や医療技術など，専門性が高いと思われることに対して，人々は謙虚に「知っていることはわずかである．よくわからない！」と答えるかもしれない．しかし，日常生活において身近に感じられる事柄についてはどうだろうか？　家族というものについて，男であるとか女であるという性差について，あるいは命や死というものについて．おそらく多くの人はそれらについて，なんの躊躇もなく，即座に，いろいろな答えを述べてくれるかもしれない．そして，それらはみな正しいのかもしれない．しかし，それだけなのだろうか？　それがすべてなのだろうか？　人々は家族について，男性や女性であるという性の意味について，命や死について，本当に知っているのだろうか？

　＜障害者を見かけたら必ず手を貸しましょう！＞，学校教育のなかで，そして社会のなかで，このことは「良いこと」，「正しいこと」であるとされている．それは当たり前のことであると．しかし，それが障害をもっていない人たちの一方的な押し付けであると気づいている人はまだ少ない．助けを必要としている人を助けるなというのではない．＜障害者を見かけたら必ず手を貸す＞という無条件の援助という考え方が問題なのである．

　障害をもっていても，その人にはその人のできることがある．そのできることを無視して，外部の者がすべてをやってしまうとき，

それは障害をもった人を一個の人格をもった人間ではなく，＜障害者＞という特殊な存在にしてしまっているのだ．場合によっては，障害をもった人は＜何もできない人間＞であると勝手に決めつけてしまっているのである．そのような意味で，この無条件の援助は障害をもった人にとっては「侮辱」以外の何ものでもないのである．障害をもった人たちは，人間として対等に扱われないという「侮辱」に耐えてきた．確かに助けを借りなくてはできないこともあるからだ．

　しかし，確実に障害をもった人たちは，一個の人間である以前に，自分たちは＜障害者＞なんだと思い知らされ，傷ついてきたのである．さらに悲しむべきは，障害をもった人たちのなかには，自分たちはそのような＜何もできない人間＞であると自己規定してきた（させられた）人も多いのである．＜福祉＞ということが声高に叫ばれているなか，このようなことを知っている人がどれだけいるのだろうか？

　われわれは何を知っているのだろうか？　日常生活のなかで当たり前と思われていること，このことにもう一度，目を向けてみよう．何かが明らかになるかもしれない．もしかしたら，何も明らかにならないかもしれない．しかし，たとえ何も明らかにならないとしても，何も明らかにならないということが明らかになるかもしれない．もしかしたら，このことの方が重要なのかもしれない．

1．社会のなかの個人

　われわれは社会のなかに生きている．それは複数の人々の間に生きているといってもよい．ここで問題なのは，複数の人々がただ存在するのではなく，これらの人々のさまざまな関わりが存在するということである．それは自己ではない他者との関係をとおして個々の生活が成立しているということを意味する．このようなことから，社会とはさまざまな人々が関わることをとおして創り出されたもの

といえよう．

　この複数の他者のなかに関係を創りながら生きることによって，われわれは一人では実現することが困難な多くのものを手に入れてきた．現在の生活を見渡してみればよい．衣食住に関わるあらゆるものが，複数の他者の手を経ることで成り立っている．まさに人々が協力し合い，知恵を出し合って，現在の生活を成立させているのである．

　しかし，また同時に，われわれはこの社会からさまざまな制約や方向付けを受けていることも事実である．われわれはさまざまに行動する可能性をもっているにもかかわらず，自己の行動を社会から規制されることがある．それは人々の協力体制である分業を効率よく遂行するためであるかもしれないし，あるいは，ある人の身勝手な行動から個々人の安全や財産を守るためかもしれない．いずれにせよ，このような制約や方向付けによって一つの秩序が保たれているという事実がここにある．

　社会からの制約，それは人々の間に創られたルールにもとづくものであるといえよう．このような人々の行動を規制する社会のルールは，一般的には＜行為規範＞と呼ばれることになる．それは日常的な立ち振る舞いに始まる習慣，習俗というものから，さらには，法など，さまざまなヴァリエーションをもつことになる．そして，これらのことは社会的に創られた意味や価値というものに深く関わり，やって良いこと／いけないこと（さらには，善／悪）の区別がなされることになる．しかし，この基準は絶対的なものでもなければ，完全なものでもない．冒頭に示した，障害をもった人に対する接し方がよい例だろう．われわれは正しい行動であると，当たり前に思っていながら，障害をもった人々を傷つけていたのである．

　確かに，ひとたび社会のなかで正しいと認知された事柄を覆すことは，多くの場合，困難なことなのかもしれない．おそらく，そこにはわれわれにとって決して満足できるものではないにしろ，社会のルールの恩恵の下に，秩序ある生活を成り立たせているという事実があるからである．社会のルールを遵守することを身につけることで，この恩恵にあずかっているといってよいのかもしれない．そ

して，われわれが社会のなかで一個の自立した人間であるということは，自身の了解事項として，社会のルールを認知し，他者との協調の下に社会的生活を送ることができる者として規定されたとき，といってよいのかもしれない．

　もちろん，われわれは社会のルールに従いながらも，考える能力と行動できる身体をもった人間であることまた事実である．そして何より，われわれは止まっている存在でも，機械的にルーティンをこなす存在でもないということである．そこには従来になかった新たなものの創造と展開の可能性がある．このことは想像し得ないこと，あり得ないことと思われることの出現の可能性を意味しているといえよう．しかし，日々さまざまな変化のなかにおかれたわれわれにとって，この可能性の出現はむしろ必然的だといえよう．すなわち，非蓋然性の蓋然性という事態がここにあるといえよう．

　われわれは，非蓋然性に特徴づけられる，創りつづけられている社会に生きているのである．そこには誤りも，矛盾も創られ，存在することになる．しかし，これらを含めて現実の社会なのである．誤りや矛盾を肯定するのではない！　その存在の可能性を否定することができないのである．もし誤りと呼べるものが存在するならば，それは正されるべきであろう．しかし，それ以前にわれわれのおかれている誤りや矛盾をはらんだ現実の前提となる諸相を知ることが，まず必要となろう．

2．個人のなかの社会

　社会的に創られた行為規範，意味，あるいは価値を自身のものとして内面化すること，これを＜社会化＞という．社会化によってわれわれの行動が一定の方向性をもつとき，われわれは社会の成員として認められ，社会のなかで生きることが円滑になされることになる．われわれは社会のなかでさまざまな地位や役割という属性を負い，その属性に付与された期待に準拠する形で自らの行動を選択し

ている．そこには社会を前提とした，あるいは別の言い方をすれば，他者を前提とした自己制御の構造を見て取ることができる．社会のなかに生きるというとき，われわれはさまざまな他者のなかに生きているという事実を考慮せざるを得ないし，社会のなかで生きるということを前提としたとき，あるいは他者というものを前提にしたとき，自己を制御するということが社会の成員としての条件となる．このことは，複数の他者がある特定の場で生きるための知恵といえるかもしれない．

　もちろん，われわれは自身の自由意思をもった一個の人間として生きており，社会に一から十まで拘束されているわけではない．われわれの行動は一つの選択として遂行されているに過ぎないのである．その意味で，社会のルールを無視することも一つの選択肢なのである．すなわち，それは，ルールを守る／守らない，という選択であり，その背後には，その行動が，＜正しい／正しくない＞というコードが潜むことになる．しかし，先にあげた障害をもった人に対する援助行動の例を改めて思い起こしていただきたい．われわれが考えなくてはならないのは，この＜正しい／正しくない＞というコードが，正しいのか，正しくないのかということであり，行為の意味を考えるとき，ここが問題となるのである．

　しかし，われわれは自身の行動を選べるにもかかわらず，日々当たり前だと思っている行為の意味を問題だと思うことはきわめてまれなことといえよう．社会化され，社会のなかに生きているわれわれは，内面化された行為規範や価値基準を当たり前と考え，それを疑うことなく行動に移している．もちろん，社会化という考え方がもたらす，社会に忠実に行動するがごとく扱われる人間観について，これまで多くの批判が寄せられてきた．つまり，無条件に社会のルールを守り，実行する人間なんてあり得ないと．そして，そのような理解はあまりにも人間を単純化しており，現実の人間は社会の操り人形ではなく，自立した存在であると．

　しかし，その一方でアメリカの経営学者，C. I. バーナードの指摘は示唆に富むものがある．彼は，組織における人々の行動について分析を与えたとき，＜無関心圏＞と呼ばれる概念を提起した（バー

ナード, 1968：175). これは, 組織内の行動において, 自らの価値判断を差し挟まない判断領域のことを指す. 組織に従順であればあるほどこの領域は拡大することになるもので, たとえば, この拡大によって戦場におかれた兵士は自身の良心の呵責にさいなまれることなく人を殺せるのである.

バーナードの分析は組織というきわめて限定された領域のものではあるが, われわれの行動を顧みたとき, 社会一般においても共通するものを見出すことは容易であろう. 先にも触れたように, われわれはさまざまな社会のルールを無視することができる. しかし, ルールを守ることが正しいとされた日常生活では, それは例外的なことなのである. つまり, すでにそこに無関心圏が成立しているのである.

その一方で, 社会のルールはその適応される状況に密接に関係しているということにも注意しなければならない. 先の兵士の例でいえば, 彼は戦場という状況下において人を殺すのである. そして不幸なことにも, 戦場ではそれは正しいことなのである. この状況というものが, ある行動を引き起こす理由となっているのである. そのような意味で, われわれの行動は少なからずおかれた状況や対象を観察し, それを把握することから始まる. 社会のルールを遵守するにしても, どのルールに従うべきか, あるいはどのような態度をとるべきか, それを選択するために, このような状況の把握が必要とされる.

われわれは個々それぞれに家族, 地域, 学校, 会社など, 複数の社会のなかに所属し, それら個々の社会固有の関係のなかに生きている. そして, これら所属する社会によって, それぞれの行動はさまざまに規定されることになる. それは個々人のもつ多元的な社会を反映しているといってもよいのかもしれない. そして, そこでわれわれは, さまざまな決定をしなければならないのである. この決定は多元的な社会に生きる人々にとっては少なからず負担となる. このとき無関心圏の存在はわれわれの選択を容易にしてくれる. しかも, その責任の所在を社会や組織という自分以外のものに転嫁してしまうのである. しかし, このことが自ら考えるということを見

失わせ，そして誤りを誤りとして見出すことを困難にしているのである．もちろん，すべてではない！ しかし，確実に無関心圏の安易な拡大は，人間の自立性を奪う．そして，このことは，矛盾や誤りの無関心やさらには肯定へとつながることにもなる．組織犯罪と呼ばれるものはその典型であろう．つまり，組織にとっての正しいこととして理解されたとき，人は罪の意識なく犯罪行為に至ってしまうのである．社会のなかに，無条件に自身を埋没させてしまったとき，このような悲劇が生じることになるのである．

3．差異と意味の社会的構成

　われわれの周りは社会的に規定されたものに満ちあふれている．それはむしろ社会によって創り出されたという意味で，社会的に構成されたものに満ちあふれているといってよいのかもしれない．そして，このことをさらに突き詰めると，われわれは社会的に創られた＜差異＞と，社会的に創られた＜意味＞のなかに生きているといってよいのかもしれない．
　われわれは，ある差異を用いることによって，すなわち差異化によってある対象を認識する．差異化とは，単なる区別ではなく＜非対称化＞と呼ばれる事態をもたらすものであり，同時に，それはあるものの同定なのである．そして，この同定とはある区別されたものに対する意味付与をともなっている．このようなことを踏まえ，われわれが，ある対象を認識するとは，ある差異をもって，その対象をそうではない別の何かと区別し，そこにある意味を見出すことであるといえる．われわれの周りには認識の対象となる物や出来事が，潜在的な形で存在している．しかし，それらは差異化されて初めて認識されるのである．つまり，差異によってあるものが区別され，それに対して固有の意味が重ね合わされて初めてある対象が認識されるのである．
　意味は，固有の関係のなかでのみ対象を同定する．つまり，意味

は指示対象を関係に依存する形で同定するのである．したがって，ある対象の関係化が複数見出されるならば，そこには複数の意味が見出されることになる．ある対象が多元的な関係をもっているならば，そこには多元的な意味構成が可能となるのである．同一対象に複数の意味を見出すということはこのようなことなのである．われわれは多くの場合，複数の社会的関係のなかにおかれることになる．このことは従来の社会学における「地位－役割」の概念に代表される考察にも妥当するところであろう．しかし，ここで重要なのは，その地位や役割を構築している社会と意味との関係なのである．

　われわれは社会的関係のなかに社会的な意味づけをもって存在することになる．それは単純にわれわれが社会的に意味づけられた存在であるということではなく，社会の存立運動に連関する形でわれわれの存在が意味づけられているということを意味するのである．それは社会的な関係が意味を創出しているといってよいのかもしれない．

　われわれの前には非蓋然性の蓋然性という無視できない事態がある．つまり，予測できないような変化の可能性を否定できない事態がある．そこには新たな関係化の可能性と，それにともなう新たな意味と新たな差異の創出が潜在することになる．このことは社会のなかにおかれたわれわれの認識の変化を蓋然的なものとする．このことはわれわれの認識の確実性というものが，ある関係の存続するかぎりにおいて規定されたものであることを意味している．したがって，この関係というものを見誤った認識は，まさに誤謬を産むことになる．そのような事態に対して，無意味という意味がそこに付与されることになる．このことは，われわれの認識に際し，関係の把握の重要性を如実に表わしたものであるといえよう．いずれにせよ，あらゆる対象がある関係のなかに規定され，そして，その関係のなかで意味づけられているのである．

おわりに

　社会とは，他者にかかわる日常的な行動，体験，そして，それらにまつわる認知と理解のなかで経験されるといっていいのかもしれない．この他者との関わり合いをとおして，われわれの現前にはさまざまな現象が絶え間なく生じては消えてゆく．しかも，その現象は必ずしも一様ではなく，むしろわれわれの前にさまざまな事態を突きつけてくる．われわれの日常はそのような絶え間ない連続の事態のなかにおかれていると同時に，われわれの生の営みそのものが，そのような事態の創出に関わっているのである．社会のなかに見られる現象の連続的生起，それは日々繰り広げられる人々のさまざまな作用関係に起因しているといえよう．そして，それゆえに社会とは静止したものではなく，関係化の運動を通して，その輪郭を保っているのである．

　われわれは，常に変化しうる状態のなかにおかれており，多様な可能性としての選択肢の前におかれている．それらは未規定な状態であり，不確定な状態と呼ばれるものなのである．われわれは他者と共に生きている．しかし，いかに親密な間柄になろうとも，他者に成り代わることはできない．その意味で他者は常に不確定な存在なのである．それは他者にとっても同じことであろう．ここに，お互いがともに不確定であるような状態がそこに生じることになる．しかし，だからこそコミュニケーションというものが必要となるのである．以心伝心のごとく他者のことがすべてわかるならば，いったいコミュニケーションは如何なる意味をもちうるのだろうか？行動というものが幾通りにも選択できるからこそ，行為規範が創られるのである．特定の行動しかとれないならば行為規範は如何なる意味をもちうるのだろうか？

　コミュニケーションということが，他者との間の理解を求めた営為であるならば，理解が成立した時点でコミュニケーションは終了

することになる．それは自己と他者の間にあった差異の解消といってよいのかもしれない．逆に，差異が解消されなかったり，新たな差異が出現するならば，コミュニケーションはその運動を続行するといえよう．また，すべての社会の成員が正しい行動をとるならば，あるいはすべての社会の成員が正しい行動をとらないならば，正しい／正しくないという差異にもとづいた行為規範は消滅することになろう．われわれは社会というもののなかに繰り広げられる差異と意味のなかに生きている．もちろん，それは一つの見方であるかもしれない．しかし，われわれの生きている現代社会を記述し，表現するとき，差異と意味という視座は現代社会のもつ多様な様相を明確に特徴づけてくれる．

　その一方で，これまで見てきたように，われわれは社会の規範に囲まれ，しかし，それがゆえに，秩序ある生活を獲得していたのである．それが矛盾や誤謬を含んだ完全な秩序ではないにしろ，一つの現実として存在していたのである．しかし，その背後にわれわれは，さまざまな可能性とリスクを引き受けることになるということを知らねばならない．当たり前であると思われていることをもう一度問うてみよう．もしかしたら，そこには別様の＜関係＞が，あるいは＜意味＞が潜んでいるかもしれない．われわれは，何を知っているのだろうか．

＜参考文献＞
馬場靖雄，2001a，『ルーマンの社会理論』勁草書房．
―――――，2001b，「構成と現実／構成という現実」中河伸俊・北澤毅・土井隆義編『社会構築主義のスペクトラム』ナカニシヤ出版．
C. I. バーナード（山本安次郎他訳），1968，『経営者の役割』ダイヤモンド社．
土方透・A. ナセヒ編著，2002，『リスク 制御のパラドクス』新泉社．
G. クニール・A. ナセヒ（舘野受男他訳），1995，『ルーマン 社会システム理論』新泉社．
Luhmann, N., 1990, Die Wissenschaft der Gesellschaft, Suhrkamp.
―――――, 1997, Die Gesellschaft der Gesellschaft, Suhrkamp.
圓岡偉男，1997，「コミュニケーションと他者性」『人間科学研究』10 (1)：105-114．
―――――，1999a，「他者と社会システム」川野健治・圓岡偉男・余語琢磨編

『間主観性の人間科学』言叢社.
────，1999b，「規範と社会システム」『人間科学研究』12(1)：111-120.
H. フォン・フェルスター・B. ペルクセン（圓岡偉男訳），2001，「認識と倫理」
　　　『現代思想』29(3).
吉澤夏子，1993，『フェミニズムの困難』勁草書房.

あとがき

　本書は,「まえがき」に記されたとおり,社会学の入門書としてまとめられている.しかし,ここに示されたものは,社会学の基礎概念を網羅的に積み重ねたものでも,その羅列でもない.もちろん,＜社会学という視座にたった考察＞という基本姿勢は貫かれているが,それを前提に＜社会＞を見つめなおし,そして考えるということが主題とされている.その意味で本書は＜社会を考えるための入門書＞であるといえる.

　＜社会を考える＞というこの言葉の裏には,日常的な社会理解への懐疑がある.普段なにげなく見過ごしてしまうもの,それらについて,ひとたび振り返るとき,これまで気づかなかったものが見えてくることがある.普段当たり前だと思っている事についての再発見！　本書に掲載された各論は,そのような身の回りにある出来事を振り返るために,様々な角度から観察がなされている.それは,時として戸惑いを与えるかもしれない.しかし,われわれは読者諸氏が,これらの観察から新たな知見や新たな理解を見出すことを密かに期待している.本書が読者にとって＜社会＞というものを考えるための端緒となるならば幸いである.

　本書は多くの方々のお力添えのもとに成立している.ここですべて方のお名前を記すことはできないが,執筆者達の恩師である,早稲田大学教授の濱口晴彦,嵯峨座晴夫の両先生には特にこの場をお借りしてお礼申し上げたい.

　また,新泉社編集部竹内将彦氏には本書の企画の段階から様々なご助言,ご協力をいただいた.そして,近年まれに見る厳しい出版事情のなか,この機会を与えて下さった新泉社代表取締役石垣雅設氏にも改めてお礼を申し上げる次第である.

2002年7月

　　　　　　　　　　　　　　　　　　　　　　木戸　　功
　　　　　　　　　　　　　　　　　　　　　　圓岡偉男

● 編者・執筆者紹介（五十音順）

＊編　者

木戸　功（きど　いさお）
1968年生まれ
早稲田大学大学院人間科学研究科博士後期
　課程修了
専攻：社会学　家族研究
現在：札幌学院大学助教授
　　　博士（人間科学）［早稲田大学］

圓岡偉男（つぶらおか　ひでお）
1964年生まれ
早稲田大学大学院人間科学研究科博士後期
　課程修了
専攻：理論社会学　社会システム理論
現在：早稲田大学人間総合研究センター客
　　　員研究員
　　　博士（人間科学）［早稲田大学］

＊執筆者

荒井浩道（あらい　ひろみち）
早稲田大学大学院人間科学研究科博士後期
　課程修了
専攻：老年社会学　福祉社会学
現在：創造学園大学専任講師
　　　博士（人間科学）［早稲田大学］

岡野晶子（おかの　あきこ）
早稲田大学大学院人間科学研究科博士後期
　課程修了
専攻：社会心理学　子どもの自己発達論
現在：東京女学館大学非常勤講師
　　　博士（人間科学）［早稲田大学］

空閑厚樹（くが　あつき）
早稲田大学大学院人間科学研究科博士後期
　課程中退
専攻：社会学　生命倫理学
現在：立教大学専任講師

志田哲之（しだ　てつゆき）
早稲田大学大学院人間科学研究科博士後期
　課程修了
専攻：生命倫理学
現在：早稲田大学教育コーチ
　　　博士（人間科学）［早稲田大学］

辻　明子（つじ　あきこ）
早稲田大学大学院人間科学研究科博士後期
　課程修了
専攻：社会学　人口学
現在：総合研究開発機構（NIRA）主任研
　　　究員
　　　博士（人間科学）［早稲田大学］

鶴若麻理（つるわか　まり）
早稲田大学大学院人間科学研究科博士後期
　課程修了
専攻：生命倫理学
現在：早稲田大学助手
　　　博士（人間科学）［早稲田大学］

中　正樹（なか　まさき）
武蔵大学大学院人文科学研究科博士後期課
　程修了
専攻：マスメディア論　ジャーナリズム論
現在：千里金蘭大学専任講師
　　　博士（社会学）［武蔵大学］

永田夏来（ながた　なつき）
早稲田大学大学院人間科学研究科博士後期
　課程修了
専攻：家族社会学
現在：成蹊大学非常勤講師
　　　博士（人間科学）［早稲田大学］

村田　久（むらた　ひさし）
早稲田大学大学院人間科学研究科博士後期
　課程修了
専攻：社会学　数理社会学
現在：山村学園短期大学専任講師
　　　博士（人間科学）［早稲田大学］

柳原良江（やなぎはら　よしえ）
早稲田大学大学院人間科学研究科博士後期
　課程修了
専攻：生命倫理学　社会学　女性学
現在：お茶の水女子大学21世紀COEプロ
　　　ジェクト「ジェンダー研究のフロンティ
　　　ア」ポスドク研究員・早稲田大学人間総
　　　合研究センター客員研究員
　　　博士（人間科学）［早稲田大学］

山下夏実（やました　なつみ）
ベルリンフンボルト大学教育学部比較教育
　学科博士課程中退
専攻：社会史

社会学的まなざし──日常性を問い返す

2002年10月10日　第1版第1刷発行
2005年5月20日　第1版第3刷発行

編著者＝木戸　功，圓岡偉男
発行所＝株式会社　新泉社
東京都文京区本郷 2-5-12
振替・00170-4-160936番　電話 03-3815-1662　FAX 03-3815-1422
印刷・モリモト印刷　製本・榎本製本

ISBN4-7877-0210-6　C1036

社会学的問いかけ　●関係性を見つめ直す

圓岡偉男編著　2200円（税別）

高齢者ケア，生きがい支援，フリーターの増加，学校と不登校，親密な人間関係，できちゃった婚，子どもの自己発達，他者を理解するということといった，わたしたちの日常生活の中で起こっている，人と社会の関係で注目されている問題点とその意味を，社会学的に問い直す。

ミクロ―マクロ・リンクの社会理論

アレグザンダー他編　圓岡偉男他訳　2800円（税別）

社会の構成要素の部分の検討から入るミクロ理論と全体の把握から捉えようとするマクロ理論の二大潮流がある社会学に，この二つの理論をリンクさせようとする立場が近年登場してきた．この新しい観察の視座を提示するルーマン，コリンズ，ミュンヒ等の6論文を収録．

リスク　制御のパラドクス

土方　透，アルミン・ナセヒ編著　3500円（税別）

リスク制御自体が新たなリスクを生み出す今日の社会をどう観察するか．8人の論者が，ルーマンの社会システム理論をさらに展開させて分析する．「リスク回避と時間処理」ナセヒ／「リスクと宗教」ケピング／「リスク，責任，運命」リップ／「リスク処理社会」土方他．